推 薦 序

一窺大聯盟的奧妙殿堂

常富寧
（FOX體育台棒球主播）

棒球之美在文誠
　　棒球之廣野球人
外加玉烔妙筆觸
　　字字珠璣學問深

　　說到美國職棒，不，應該說只要談到棒球，知名球評曾文誠先生應該會是所有聽過及看過棒球的人第一個聯想到的專家。不錯，文誠的功力確實一流，這已經是經過無數淬煉及證明的事實了。而我，很幸運的在過去短短幾年轉播中華隊、美國職棒，和日本職棒的過程之中，每每接受了他最直接也最近距離的指導。他的講評，常常讓身為他親密戰友的我也有如沐春風的感受。

　　曹玉烔先生則是一位球迷朋友耳熟能詳的運動專欄作家。也是文誠的知交好友。談到我與玉烔兄

的相識，不必說，也是經由文誠的引薦。更讓我第一次就對曹先生留下深刻印象的除了他壯碩的身材之外，他身上穿的紅雀隊強打少年郎Albert Pujois的球衣更是讓我難忘——除了我也相當欣賞這位選手之外，另外就是他的身材也頗有強打者的架勢，和Pujois應該可以相提並論。

　　這一次文誠和玉烔兄聯手編寫的這一本新書，對於越來越多的美國職棒大聯盟球迷來說真是一大福音。

　　在這個已逾百年的職業運動中，由於歷史的演變，時空的變遷，勞資雙方的對等位置……等等影響，產生的條規和名詞，許多專有名詞常讓人丈二金剛摸不著頭緒，甚至望而生畏。

　　但是在這一本大作之中，兩位

作者以深入淺出的方式，用簡單而直接的筆觸，解釋了艱深難懂的名詞，讓所有喜歡大聯盟的朋友能對這個歷久不衰，而且能對場場扣人心弦的比賽有更進一步的認識，進而能以「內行人」的角度和眼光去欣賞美國職棒。應當是所有球迷最能感到快活的一件事吧！

時值新球季即將展開，而這一本新書又付梓在即。文誠再度力邀我為此書寫序。儘管已經有過經驗，但卻還是心懷忐忑。我相信有了這一本MLB入門伴隨在每一位球迷身邊，讓讀者能夠隨時解惑，必定可以讓你在新球季收看美國職棒時發現更多樂趣。現在就讓你我從第一頁開始看起，在文誠和玉烱兄的帶領之下一窺美國職棒的奧妙殿堂吧！

推 薦 序
深入了解大聯盟的最佳工具

鐘孟文
（前大聯盟球探）

一聽到文誠兄與玉烱兄要寫一本介紹美國大聯盟的書，心裡就一直期待著趕快看到這本書，看到書的大綱之後，這樣的念頭就更強烈了。

放眼國內的棒球相關書籍，雖然有不少介紹美國大聯盟的書籍，卻很少有任何一本書，可以像《圖解MLB》一樣，對美國大聯盟做深入淺出而全面的解說，尤其第五章，能夠對球員工會、農場系統、40人與25人名單、球員升降制度、自由球員、薪資仲裁等制度性的議題進行解說，有了具體的文字幫助國人深入了解之後，將能夠對國內棒球界有著深遠的影響。

同時，《圖解MLB》圖文並茂，讓讀者更容易了解，這樣的巧思配合深入的內容，閱讀起來更加生動有趣，令人愛不釋手。

美國大聯盟是發展最久的職棒聯盟，制度健全而先進，是世界各地職棒聯盟爭相學習的對象，《圖解MLB》不但幫助一般球迷可以更深入了解大聯盟，也讓球界人士多了一項實用的參考工具，國內出現這樣的一本好書，個人誠摯推薦。

推 薦 序

開啟一扇窗

林言熹
（美國職棒專欄作家）

看似遙遠不著邊際的美國大聯盟，在陳金鋒開路、王建民發揚光大、後面還有一脫拉庫球員準備接班之後，已經成為大街小巷最熟悉的運動，紐約洋基也化身為另一支國家隊，擁有許多福爾摩沙的球迷，在贏球時為它歡喜、在輸球時替它難過。

只不過，普通人大多僅能透過電視畫面或電腦螢幕一探棒球的最高殿堂，能親自前往美國現場體驗、感受氣氛的觀眾少之又少，遑論對美國職棒那博大精深的制度有所粗淺認識。

不知道透過什麼途徑可以進入美國職棒、萬一在小聯盟待太久，有沒有機會（透過規則五選秀）換東家、大小聯盟該如何升降、常聽到的Waiver到底是啥？DFA又是什麼？大聯盟年資要怎麼計算、該累計多久才具備薪資仲裁資格？如何才能成為自由球員？比賽時為什麼美國聯盟的投手不需要打擊？七局伸懶腰到底是怎麼來的？要怎樣才能入選名人堂等等，這些數不清的問題誰來幫忙解惑？

還好，有這本由曾文誠大哥和曹玉炯所合力撰寫的圖解MLB，讓一般球迷能在看完電視、閱讀完報章雜誌後產生的疑惑有所解答，對大聯盟開啟了一扇窗，藉此更有所認知、了解。

至於開完這扇窗之後？那就得靠讀者自己掌握了。

自序
新英雄 · 新變化 · 新力量
曾文誠

寫序在某種程度上心情是愉悅的，那代表你有新的作品問世，要不然最少是……嗯，好像前一版書賣得不算太差。

2007年、那時王建民如日中天，一早看美國職棒成為全民運動，也算是催生《圖解MLB》的重要因素。好讀出版當時和我有一種想法：想藉由一種工具，讓更多的人能了解美國職棒，真正體會勝負背後的美國棒球文化背景及大聯盟各種典章制度。

五年過去，不敢說《圖解MLB》這本書有什麼卓越貢獻，但至少和當初設想相去不遠，也對得起所有買書的讀者。而今一千多個日子之後，在這不算短也不長的期間，美國職棒變化何其大：知名的老將、明星球員高掛球服，而更多的少年英雄卻一個個冒出頭。舊的洋基、大都會球場走入歷史，國民、馬林魚卻用全新的競技場，展開雙手迎接它的支持者。

而對台灣的所有球迷而言，也許這是最令我們感慨的一段日子，頂著「台灣之光」榮耀的王建民，從一位連續兩年十九勝的巨投隕落到尋求東山再起的機會，而左投郭泓志則持續抵抗命運對他的挑戰。當然還有好消息，陳偉殷的昇起，讓我們重新回到那投一休四的生活節奏，雖不似當年王建民的狂潮，但也算給球迷新的寄託。

新的英雄、新的美國職棒變化，我和本書共同作者曹玉炯嘗試將所有新的素材加在這新版的書中，包括球場的替換及擴大比賽錄影重播的範圍，還有明星賽制的更動、名人堂票選的修改、太空人隊

的「搬家」等。

　　這一次的再版雖不似四年前那般「大費周章」地寫作，但我們的心態還是一樣嚴謹，對所有形諸於文字的資料，必定查證再三，因為我們的心願始終不變，套一句曹玉烱在前版序中所說：「即便您還不算是棒球迷、或只是剛入門的棒球迷，希望各位都能因本書喜愛上棒球，成為未來推展棒球運動的新力量。」

　　這是我們的心願！

自 序

再續前序，再戰大聯盟

曹玉焗

　　距離當初與曾大哥合編這本《圖解MLB》已快要五年，五年也就這麼一下子就過去了，現在還記得當初被趕鴨子上架時那個忐忑不安的心情，而現在則又多了個我幾乎忘了是怎麼耗費心力才與曾大哥完成這本現在看來有諸多闕漏的書，除了惶恐還是惶恐。

　　該來的跑不掉，跑不掉就只有再頂著頭盔上場打擊。

　　老實說，我不清楚當初這本《圖解MLB》的銷售狀況究竟算不算好，所受到的評價怎樣，因為出書就像是從口說出的話，「一言既出、駟馬難追」。如被稱讚，我從沒有任何的自滿與驕傲；如被批評，我更能全然虛心接受，一如我的天秤個性。

　　唯一沒有想到的是，在曾大哥還沒找到下個「頂級新秀」之前，我就又要再次出賽，好像我從小錯過的棒球路，要從電腦的另一端獲得彌補。

　　這次的《圖解MLB》再版，內容又作了不少的修正與修改，畢竟棒球是人在玩的運動，老幹新枝年年汰換，紀錄、規則、球場等等人事物不斷在變，因此這相隔五年後的今天，自然也看到了當初沒有作好的部分，以及新事物需要修改的部分。

　　老實說，除了已發生的既定事實與歷史，整本翻過來寫也是正常，但由於時間不太允許，所以只能惶恐的就需要新增的部分作修改，就之前沒有注意到的疏失作修正。雖不敢說大興土木，至少算是作了些裝潢，唯一目的就是希望讀者能看到比一版更好、更新的內容而已，滿足絕對稱不上，只盼基本

的能說明清楚就好。

　我不是能言善道的人，前次出版受到曾大哥與許多朋友的支持與鼓勵，也在前次的序中都一一謝過了，這次我要感謝的人還是不出那幾個，除了工作上的夥伴外，就是我那些高中與大學朋友們，這次雖然沒有一一指名道姓，我相信大家都知道我是真心的心存感謝。

　再次強調，棒球的魅力根本就不是三言兩語、甚至一兩本書能道盡的，還是得用看的、聽的比較能獲得感官上的滿足。

　至於這本《圖解MLB》只是個介紹，唯一目的是讓對美國職棒產生興趣的人能稍微認識大聯盟專業、專精、專門的程度，稍微了解這個人家打了百年的運動為什麼能成為全世界棒球員的夢想之地，因為唯有透過層層關卡的不斷淬鍊、

完善制度的防止弊端、轉播科技的不斷進步，人上之人們才能在這舞台上、或讓全世界的人們決定誰是更強的強者，也才能不斷看到一齣齣令人拍案叫絕的戲碼。

目錄 / *contents*

CHAPTER 5 MLB制度 95

圖解 M L B

CHAPTER 6 MLB相關　137

CHAPTER 7 附錄　153

MLB 大事紀

CHAPTER 1

CHAPTER 1 MLB主要棒球規則演進年表

1857年

● 比賽將原本的先得21分獲勝制，改為現行9局得分較多者勝；另外也制定了現行局才算正式比賽的規則。

1858年

● 投手可以助跑後投球，而打者不可以再要求投手投特定位置。
● 擊出的球被直接接到或反彈一下被接到都算出局。
● 跑者跑壘可以不用真正踩到壘包。

1863年

● 球棒大小規格化。
● 投手投球瞬間需雙腳著地。
● 投手區和本壘區有明顯線條畫出。
● 界外球不能跑壘。

1864年

● 球必須直接接到才算出局。
● 跑者在跑壘過程中必須踩到每個壘包。

1865年

● 正式攻守紀錄出現。

1867年

● 打者可以要求投手投高球或低球。

1872年

● 棒球重量規格化並沿用至今。

1877年

● 壘包為15吋方形狀並沿用至今。
● 打者保送不算打數。

1879年

● 投手要投九個壞球才保送打者。
● 球數分為好球、壞球及界外球。
● 專任裁判首次出現。

1880年

● 保送改為八個球。
● 跑者若碰到擊出的球算出局。
● 第三個好球捕手要接到才算出局。

1883年

● 投手投球時可以在腰部以上出手。

1884年

● 改為六個壞球保送打者。
● 冠軍隊以勝率最高者為基準並沿用至今。

1885年

● 捕手及主審開始採用護胸。

1887年

● 投手要投四個好球才能三振打者。
● 捕手站在20呎外或更遠的距離，球落地彈進好球帶仍算好球。
● 打者被保送算一支安打。

1889年

● 現代規則所採用的四壞球在這一年產生。
● 犧牲短打列入正式統計中。

1891年

● 在比賽任何時刻都可以替換球員。
● 捕手可以用較大及有內襯墊的手套。

1893年
- 投球距離由50呎增加為60呎6吋，取消投手區改為投手板。
- 犧牲打不計為打數。

1894年
- 觸擊出界算是一個好球。

1895年
- 內野高飛球規則首次採用。
- 擦棒球算一個好球。

1901年
- 打者四個好球才出局但僅限於美國聯盟。

1903年
- 界外球算好球但僅限於美國聯盟。

1904年
- 投手丘高度規定為地平線上15吋。

1908年
- 新的高飛犧牲打定義為跑者因接殺而得分，打數不計。

1917年
- 規則中增加自責分的定義。

1920年
- 禁止將唾液塗抹於球上。
- 最後一局下半揮出致勝的全壘打，雖前位跑者已得分獲勝但紀錄仍記為全壘打。
- 一面倒的比賽中在第九局盜壘並不計為盜壘成功。

1925年
- 投手可以用止滑粉袋。
- 全壘打牆距離最短為250呎。

1931年
- 禁止球衣有鈕釦、徽章或任何金屬物。

1954年
- 強迫取分、暴投首次在規則中出現。
- 防守員以手套或其他裝備丟擲球，壘上的跑者及打者都可獲進壘。

1959年
- 規定新球場的外野最短距離是左外野325呎－中外野400呎－右外野325呎。

1968年
- 加強唾液球的罰則。

1969年
- 投手丘高度下降了5吋。
- 打者好球帶改由腋下到膝上。
- 救援的條文正式列入規則中。

1971年
- 所有大聯盟打者打擊時必須強制戴頭盔，而新人聯盟及1A頭盔還要有護耳。

1973年
- 美國聯盟開始採用DH制。

1975年
- 球的外表原是覆以馬皮，但在馬皮短缺的情況下，規則同意可使用牛皮取代。
- 使用加工過的木棒打擊，處禁賽三天。

2008年
- 擴大錄影重播。

2013年
- 假牽制三壘為投手犯規。

2017年
- 故意四壞球保送不必再投4顆壞球，只要執行方的總教練向裁判示意即可。

CHAPTER 1 2 MLB球隊演進史

　　1744年一篇名為「棒球」的詩描述道:「在推進到下一個據點後,帶著歡笑回到本壘。」

1845

● 任職於紐約聯合銀行的卡特萊特(Alexander Cartwrighter)籌組了史上第一支棒球隊「尼克隊(Knickerbockers)」同時他也把棒球比賽主要規則用書面寫下來,包括壘距90呎,同時九個人上場,三人出局後攻守交替,及不能變動打擊順序

1869

● 第一支職業棒球隊、辛辛那提紅長襪隊 Cincinnati Red Stockings成立

1877

● 紐約同好、費城運動家解散

1880

● 雪城星辰解散,加入烏西斯特紅腿 Worcester Ruby Legs

1857

● 第一個棒球聯盟「國家協會棒球俱樂部
（The National Association of Baseball
Club）」

1860

● 布魯克林隊Brooklyn成為史上第一支巡迴比
賽的隊伍

1876

● 國家聯盟（National League）成立，共有八支球隊：波士頓紅帽Boston Red Caps，芝加哥白長
襪Chicago White Stockings，辛辛那提紅長襪Cincinnati Red Stockings，哈福深藍Hartford Dark
Blues，路易斯維爾灰人Louisville Grays，紐約同好New York Mutuals，費城運動家Philadelphia
Athletics，聖路易棕長襪St. Louis Brown Stockings

1878

● 哈福深藍、聖路易棕長襪解散，加入印
城藍人Indianapolis Blues與密爾瓦基灰人
Milwaukee Grays、辛辛那提紅長襪更名為
辛辛那堤紅人Cincinnati Reds，路易斯維
爾灰人遷至普羅登斯，成為普羅登斯灰人
Providence Grays

1879

● 印城藍人、密爾瓦基灰人解散，加入
水牛城野牛Buffalo Bisons、克里夫蘭藍
人Cleveland Blues、雪城星辰Syracuse
Stars，托雷特洛伊人Troy Trojans

1881

● 辛辛那提紅人退出，加入底特律狼
Detroit Wolverines

1882

● 加入聖路易棕長襪St. Louis Brown Stockings、辛辛
那提紅長襪Cincinnati Red Stockings

※紅色字體為大聯盟現有之球隊

1883

● 托雷特洛伊人、烏西斯特紅腿解散，加入費城信徒Philadelphia Quakers與紐約哥譚New York Gothams；波士頓紅帽更名為波士頓食豆人Boston Beaneaters，聖路易棕長襪更名聖路易棕人St. Louis Browns

1885

● 克里夫蘭藍人解散，加入聖路易黑奴St. Louis Maroons，紐約哥譚更名為紐約巨人New York Giants

1889

● 印城印州人、底特律狼解散，加入克里夫蘭蜘蛛Cleveland Spiders

1890

● 華盛頓州人解散，加入布魯克林新郎Brooklyn Bridegrooms，辛辛那提紅長襪更名辛辛那提紅人Cincinnati Reds，芝加哥白長襪更名為芝加哥小馬Chicago Colts，費城信徒更名為費城費城人Philadelphia Phillies

1898

● 芝加哥小馬更名為芝加哥孤兒Chicago Orphans

1899

● 布魯克林新郎更名為布魯克林超霸Brooklyn Superbas，聖路易棕人更名為聖路易雪茄St. Louis Perfectos

1902

● 國聯芝加哥孤兒更名為芝加哥小熊Chicago Cubs，美聯密爾瓦基釀酒人遷至聖路易，成為聖路易棕人St. Louis Browns

1903

● 美聯巴爾的摩金鶯遷至紐約成為紐約高地人New York Highlanders，波士頓勇斗人更名為波士頓朝聖者Boston Pilgrims

1886

● 水牛城野牛、普羅登斯灰人解散,加入華盛頓州人Washington Statesmen與堪薩斯城牛仔Kansas City Cowboys

1887

● 聖路易黑奴、坎薩斯牛仔解散,加入印城印州人Indianapolis Hoosiers與匹茲堡艾利根尼Pittsburgh Alleghenys

1891

● 匹茲堡艾利根尼更名為匹茲堡海盜 Pittsburgh Pirates

1892

● 加入巴爾的摩金鶯Baltimore Orioles,路易斯維爾上校Louisville Colonels,華盛頓參議員Washington Senators

1900

● 巴爾的摩金鶯、路易斯維爾上校、華盛頓參議員、克里夫蘭蜘蛛解散,聖路易雪茄更名為聖路易紅雀 St. Louis Cardinals

1901

● 美國聯盟(American League)成立,共八支球隊:巴爾的摩金鶯Baltimore Orioles、波士頓勛斗人Boston Somersets、芝加哥白長襪Chicago White Stockings、克里夫蘭藍人Cleveland Blues、底特律老虎Detroit Tigers,密爾瓦基釀酒人Milwaukee Brewers,費城運動家Philadelphia Athletics,華盛頓參議員Washington Senators

1904

● 美聯芝加哥白長襪更名為芝加哥白襪Chicago White Sox

1905

● 美聯克里夫蘭藍人更名為絨毛Cleveland Naps,華盛頓參議員更名為華盛頓國民Washington Nationals

※紅色字體為大聯盟現有之球隊

1907

- 國聯波士頓食豆人更名為鴿子 Boston Doves，美聯波士頓朝聖者更名為波士頓紅襪Boston Red Sox

1911

- 國聯波士頓鴿子更名為竊賊Boston Rustlers，布魯克林超霸更名為布魯克林道奇Brooklyn Dodgers

1914

- 國聯布魯克林道奇更名為知更鳥 Brooklyn Robins

1915

- 克里夫蘭絨毛更名為克里夫蘭印地安人 Cleveland Indians

1943

- 費城費城人更名為費城藍鳥 Philadelphia Blue Jays

1944

- 辛辛那提紅人更名為紅腿 Cincinnati Red Legs

1945

- 國聯費城藍鳥改回費城費人Philadelphia Phillies，美華盛頓國家改回參議員

1954

- 辛辛那提紅人又更名為紅腿Cincinnati Red Legs，聖路易棕人遷至巴爾的摩成為巴爾的摩金鶯Baltimore Orioles

1955

- 費城運動家遷至堪薩斯 Kansas City Athletics

1912

● 國聯波士頓竊賊更名為勇士
Boston Braves

1913

● 美聯紐約高地人更名為紐約洋基
New York Yankees

1932

● 布魯克林知更鳥改回道奇

1936

● 波士頓勇士更名為
蜜蜂Boston Bees

1941

● 波士頓蜜蜂改回勇士

1946

● 辛辛那提紅腿改回紅人

1953

● 波士頓勇士遷至密爾瓦基成為密爾瓦基勇士
Milwaukee Braves

1958

● 國聯布魯克林道奇遷至洛杉磯成為洛杉磯道奇
Los Angeles Dodgers，紐約巨人遷至舊金山成
為舊金山巨人San Francisco Giants

1960

● 辛辛那提紅腿又更回為辛辛
那提紅人Cincinnati Reds

※紅色字體為大聯盟現有之球隊

1961

● 美聯華盛頓參議員遷至伯明頓成為明尼蘇達雙城Minnesota Twins；加入洛杉磯天使Los Angeles Angels與華盛頓參議員Washington Senators

1962

● 國聯加入休士頓科特45手槍Houston Colt.45與紐約大都會New York Mets

1968

● 堪薩斯城運動家遷至奧克蘭，更名為奧克蘭運動家Oakland Athletics

1969

● 國聯加入蒙特婁博覽會Montreal Expos、聖地牙哥教士San Diego Padres，美聯加入堪薩斯城皇家Kansas City Royals與西雅圖飛行員Seattle Pilots

1977

● 美聯加入西雅圖水手Seattle Mariners與多倫多藍鳥Toronto Blue Jays

1982

● 美聯明尼蘇達雙城遷至明尼亞波利斯Minneapolis

1993

● 國聯加入科羅拉多洛磯Colorado Rockies與佛羅里達馬林魚Florida Marlins

1998

● 國聯加入亞利桑那響尾蛇Arizona Diamondbacks，密爾瓦基釀酒人由美國聯盟轉入，共計十六支球隊；美聯加入坦帕灣魔鬼魚Tampa Bay Devil Rays，共計十四支球隊

2005

● 蒙特婁博覽會遷至華盛頓，成為華盛頓國民Washington Nationals，安那罕天使更名為洛杉磯安那罕天使Los Angeles Angels of Anaheim

1965

● 休士頓科特45手槍更名為休士頓太空人
Houston Astros，美聯洛杉磯天使更名為
加州天使California Angels

1966

● 密爾瓦基勇士遷至亞特蘭大成為
亞特蘭大勇士Atlanta Braves，加
州天使遷至安那罕Anaheim，隊
名不變

1970

● 美聯西雅圖飛行員遷至密爾瓦基，成為
密爾瓦基釀酒人Milwaukee Brewers

1972

● 華盛頓參議員遷至阿靈頓Arlington，
成為德州遊騎兵Texas Rangers

1994

● 國聯與美國聯盟各十四支球隊，
分為東中西三區

1997

● 美聯加州天使更名安那罕天使
Anaheim Angels

2007

● 11月，坦帕灣魔鬼魚更名
為坦帕灣光芒Tampa Bay
Rays

2012

● 佛羅里達馬林魚改為邁阿
密馬林魚Miami Marlins

2013

● 休士頓太空人換到美聯

CHAPTER 1 ③ 大聯盟球隊所在位置圖

國家聯盟 National League

密爾瓦基釀酒人
Milwaukee Brewers

紐約大都會
New York Mets

匹茲堡海盜
Pittsburgh Pirates

費城費城人
Philadelphia Phillies

芝加哥小熊
Chicago Cubs

辛辛那提紅人
Cincinnati Reds

華盛頓國民
Washington Nationals

聖路易紅雀
St. Louis Cardinals

亞特蘭大勇士
Atlanta Braves

邁阿密馬林魚
Miami Marlins

西雅圖水手
Seattle Mariners

奧克蘭運動家
Oakland Athletics

洛杉磯天使
Los Angeles Angels of Anaheim

美國聯盟 American League

註：多倫多藍鳥隊位於加拿大多倫多，是
現時大聯盟唯一一隊加拿大隊伍。

達雙城
ta Twins

多倫多藍鳥隊*
Toronto Blue Jays

波士頓紅襪
Boston Red Sox

底特律老虎
Detroit Tigers

紐約洋基
New York Yankees

芝加哥白襪
Chicago White Sox

克里夫蘭印地安人
Cleveland Indians

巴爾的摩金鶯
Baltimore Orioles

薩斯城皇家
ansas City Royals

兵
n）

大空人
stros

坦帕灣光芒
Tampa Bay Rays

美國職棒大聯盟分區

國家聯盟

西區	中區	東區
亞利桑那響尾蛇 Arizona Diamondbacks	芝加哥小熊 Chicago Cubs	亞特蘭大勇士 Atlanta Braves
科羅拉多落磯 Colorado Rockies	辛辛那提紅人 Cincinnati Reds	邁阿密馬林魚 Miami Marlins
洛杉磯道奇 Los Angeles Dodgers	密爾瓦基釀酒人 Milwaukee Brewers	紐約大都會 New York Mets
聖地牙哥教士 San Diego Padres	匹茲堡海盜 Pittsburgh Pirates	費城費城人 Philadelphia Phillies
舊金山巨人 San Francisco Giants	聖路易紅雀 St. Louis Cardinals	華盛頓國民 Washington Nationals

美國聯盟

西區	中區	東區
洛杉磯天使 Los Angeles Angels of Anaheim	芝加哥白襪 Chicago White Sox	巴爾的摩金鶯 Baltimore Orioles
奧克蘭運動家 Oakland Athletics	克里夫蘭印地安人 Cleveland Indians	波士頓紅襪 Boston Red Sox
西雅圖水手 Seattle Mariners	底特律老虎 Detriot Tigers	紐約洋基 New York Yankees
德州遊騎兵 Texas Rangers	堪薩斯城皇家 Kansas City Royals	坦帕灣光芒 Tampa Bay Rays
休士頓太空人 Houston Astros	明尼蘇達雙城 Minnesota Twins	多倫多藍鳥 Toronto Blue Jays

美國職棒百餘年歷史中有許多球隊相繼出現與消失，直到二次世界大戰後才穩定下來，隨後不斷有新球隊加入、直到1998年達到目前的30隊規模。

現在30支大聯盟球隊中，有三分之二的球場是最近20年左右才啟用的，小熊與紅襪的主球場則都是百年建築，這裡將介紹2012年起受到台灣球迷關注的金鶯球場，還有小熊與紅襪歷史百年的球場，再以條列式介紹幾個近年落成的嶄新球場。

MLB球場

CHAPTER 2

CHAPTER 2 1 金鶯坎登球場 (Oriole Park at Camden Yards)

圖為巴爾的摩金鶯隊的主場金鶯坎登球場，右外野觀眾席後方為著名的B&O倉庫。　|　達志影像 提供

Oriole Park at Camden Yards

金鶯坎登球場(Oriole Park at Camden Yards)

啟用時間：1992年4月16日

球場地面：天然草地

球場歸屬：馬里蘭體育場館管理局

興建費用：1億美元

球場規模（現今）：左外野333英呎、中外野400英呎、右外野318英呎

球場容量：45971人、站位時至少48187人

球場重要時刻
進入季後賽年份：1996、1997（美聯東區冠軍）、2012
舉辦明星賽年份：1993

1992年04月06日：新球場啟用首戰金鶯2比0完封印地安人，勝利投手是Rick Sutcliffe。
1995年09月06日：小瑞普肯(Cal Ripken, Jr.)打破蓋瑞格(Lou Gehrig)的2130場連續出賽紀錄，成為大聯盟的新鐵人。
1996年09月06日：莫瑞(Eddie Murray)揮出生涯第500號全壘打。
1996年10月10日：金鶯在美聯冠軍賽第二戰擊敗洋基下球場啟用後的首場季後賽勝利，勝利投手是季後加盟洋基的威爾斯(David Wells)。
2001年04月04日：野茂英雄投出金鶯球場首場無安打比賽。
2001年10月04日：倫恩斯(Tim Raines, Sr.)與兒子小倫恩斯(Tim Raines, Jr.)成為繼葛瑞菲(Ken Griffey, Sr.)、小葛瑞菲(Ken Griffey, Jr.)之後史上第二對同場出賽的父子檔。
2001年10月06日：小瑞普肯大聯盟生涯第3001場出賽、也是退休前的告別作。
2007年08月22日：遊騎兵30比3痛宰金鶯，寫下大聯盟成立以來單場最多得分紀錄。
2008年05月31日：拉米瑞茲(Manny Ramirez)揮出生涯第500支全壘打。
2009年06月30日：金鶯在1比10落後情況下逆轉打破隊史紀錄，也是大聯盟史上分區墊底球隊遇上分區第一球隊的最大逆轉紀錄。
2011年09月28日：金鶯逆轉擊敗紅襪，使得紅襪成為史上第一支在進入9月時外卡尚領先9場但最後無緣季後賽的球隊。
2012年05月08日：漢米爾頓(Josh Hamilton)單場4轟追平大聯盟單場最多全壘打紀錄。
2012年10月09日：台灣投手陳偉殷在美聯分區季後賽第二戰主投6.1局失2分責失1分幫助球隊3比2擊敗洋基，成為繼王建民(2006)與郭泓志(2009)以來第三位在季後賽拿下勝投，與首位在新人球季就在季後賽拿下勝投的台灣投手。
2015年04月29日：迎戰芝加哥白襪隊的比賽，受到當地巴爾的摩暴動影響，這場比賽不對外開放，創下美國職棒大聯盟史上首例。

復古風格的金鶯球場

1992年金鶯正式取代使用38年、具有多功能用途的紀念體育館（Memorial Stadium），搬進純棒球用途的金鶯坎登球場。當初這座球場的設計原本是想像前一年啟用的白襪考明斯基球場（2003年更名為美國行動通訊球場），但最終換成現在這座典雅、精美的復古風格球場。

金鶯坎登球場內部設施的風格讓球迷有全新感受，不僅有對球迷友善的傳統鄰近感，也有如上層豪華包廂的現代感，這使得球場啟用前10年的平均2萬5000餘人進場數暴增到啟用後10年的4萬3000餘人。

之後有好幾支球隊的新球場以球場此作為藍圖，遊騎兵、洛磯、勇士、老虎、海盜、巨人、費城人、紅雀、洋基、大都會等都屬於復古傳統球場；復古現代感的球場則有印地安人、響尾蛇、水手、太空人、釀酒人、紅人、教士、國民、雙城等。

不過金鶯在2011年季前整修時不惜少掉3000多個座位，把幾個上層豪華包廂改為宴會廳，其中三個較大的以布魯克斯羅賓森（Brooks Robinson）、法蘭克羅賓森（Frank Robinson）、帕馬（Jim Palmer）等傳奇球星命名。

著名地標：B&O倉庫

B&O倉庫（B&O warehouse）可算是球場最著名的地標，B與O分別代表巴爾的摩與俄亥俄州的第1個英文字，這座樓高8層、長340公尺、佔地約4萬平方公尺的建築，從1899年至今已有超過百年歷史，是現存美國東岸最古老的建築。而在使用頻率不高情況下，金鶯於新球場落成後將其作為球隊辦公室、球場營運部、中央廚房以及一些私人俱樂部之用。

街面上的全壘打銅板

B&O倉庫與球場外野看台之間有個著名街道稱為尤塔街(Eutaw Street)，這本是巴爾的摩市中心的主要街道，每當金鶯主場比賽開打後就把南端的部分封閉起來，只給買票的球迷進場。

尤塔街有一段路能直接看到球場內部的比賽狀況，而地面上還鑲著許多零散分布的棒球造型圓形銅板，上面標註著揮出這支全壘打的球隊、球員名稱、日期、與全壘打距離。這是街道兩旁的監視攝影機錄下落點後，再由專人放置銅板。

由於打到街上至少得有400英呎的距離，因此史上只有兩場比賽單場出現兩球落在尤塔街，單季總數最多紀錄是2008年的八次；至於第一位獲得鑲板殊榮的是1992年4月20日的老虎球員泰托頓(Mickey Tettleton)。

有沒有全壘打曾直接飛躍尤塔街而擊中B&O倉庫？答案是例行賽與季後賽的正式比賽沒有，而是1993年小葛瑞菲(Ken Griffey Jr.)在明星週全壘打大賽的傑作，根據B&O倉庫牆上銅板顯示，此球的飛行距離達445英呎。

金鶯坎登球場啟用後，金鶯曾於1996、1997、2012年打進季後賽，其中1997年還是以美聯東區第一的姿態，但都敗在印地安人與洋基（後兩次）之手，尚未能在這裡高舉美聯冠軍旗。

CHAPTER 2 2 芬威球場 (Fenway Park)

波士頓紅襪的主場芬威球場，可以很明顯的看到內野區域的草皮呈現一雙襪子的圖案，左外野的全壘打牆即為著名的「綠色怪物」。｜ 曾文誠 攝影

芬威球場（Fenway Park）

啟用時間：1912年04月20日

首場夜間比賽：1947年06月13日

球場地面：天然草地

球場歸屬：波士頓紅襪

興建費用：65萬美元（1912），換算2013年幣值為1570萬美元

球場容量：37067人（白天），37495人（夜晚）

球場重要時刻

獲得世界冠軍年份：1912、1915、1916、1918、2004、2007、2013、2018
獲得美聯冠軍年份：1912、1915、1916、1918、1946、1967、1975、1986、1988、
　　　　　　　　　　1990、2004、2007、2013、2018
舉辦明星賽年份：1946、1961、1999

1914年07月11日：魯斯(Babe Ruth)的大聯盟首場比賽擔任投手，拿下勝利。
1916年06月21日：紅襪投手佛斯特(George Foster)投出芬威球場第一場無安打比賽。
1941年07月25日：葛羅夫(Lefty Grove)達成生涯300勝里程碑。
1962年06月26日：紅襪投手威爾森(Earl Wilson)成為美聯首位投出無安打比賽的非裔美國人。
1975年10月21日：費斯克(Carlton Fisk)於世界大賽第六戰延長第12局轟出再見全壘打。
1979年09月12日：亞斯特詹斯基(Carl Yastrzemski)擊出生涯第3000支安打。
1986年04月29日：克萊門斯(Roger Clemens)締造大聯盟單場9局20次三振紀錄紀錄。
2004年10月17日：奧提茲(David Ortiz)於美聯冠軍賽第四戰延長第12局轟出再見2分砲，開啟史
　　　　　　　　上首見系列賽三連敗後四連勝空前紀錄的序章。
2006年09月21日：奧提茲單場雙響、52轟刷新Jimmy Foxx於1938年締造之單季50轟的紅襪隊
　　　　　　　　史紀錄，奧提茲該年54支全壘打。
2007年09月01日：巴寇斯(Clay Buchholz)成為紅襪隊史首位投出無安打比賽的菜鳥投手。
2008年05月19日：雷斯特(Jon Lester)投出生涯首場無安打比賽，成為芬威球場第4位投出無安
　　　　　　　　打比賽的左投手。
2012年03月07日：被列入國家史蹟名錄（National Register of Historic Places）。
2012年04月20日：球場一百周年紀念。

小常識

芬威球場的首場正式比賽

一九一二年四月廿日，波士頓紅襪隊在芬威球場迎戰來訪的紐約高地人隊（紐約洋基隊前身），比賽延長到十一局，由紅襪以七比六獲勝。

球場演變

紅襪創隊後的前十一年都在舊球場（Huntington Avenue Grounds）進行比賽，1912年芬威球場落成後成為新主場，不過前兩場比賽因雨延賽，直到4月20日、也就是鐵達尼號沉沒後第五天才進行芬威球場史上第一戰，此與老虎球場（Tiger Stadium）前身——納文球場（Navin Field）啟用時間為同一天。

進場人數

芬威球場一開始只有三萬五千個座位，並非以容量見長，屬於小而美的球場，最大特色就是綠油油的草地與綠色怪物（Green Monster）。1935年9月的一場比賽，芬威球場竟然擠進了47627人，因此波士頓市政府不得不頒發消防法令，讓紅襪限制進場人數；此後直到1978年為止，觀眾最多的比賽僅有36388人。

芬威球場雖看似老舊但頗具傳統風味，通往休息區的走道總是潮濕，綠色怪物下方的計分板到目前為止都由手動方式擺置，缺點是座位擁擠，且還有樑柱擋住視野，讓人感覺不是很舒適。不過球場啟用後8年間奪下4次世界冠軍的盛況，讓球迷始終捧場，尤其每年平均觀眾人數總是名列大聯盟前茅。

魯斯詛咒

自從1918年奪冠後，紅襪陷入悲情當中，有人認為這是1918年季後紅襪將魯斯賣給洋基，魯斯詛咒（The Curse of Bambino）紅襪永世不得奪冠有關；而這個話題更在1986年世界大賽第6戰巴克納（Bill Buckner）的離譜失誤後沸騰起來。

不過紅襪還是以堅強鬥志擺脫窘境：2004年美聯冠軍賽3敗後4連勝成為美國職業運動史上首見，最終又橫掃紅雀奪冠，2007年再以橫

掃之姿擊敗洛磯奪冠。現在再沒人提起魯斯詛咒。

綠色怪物（Green Monster）

芬威球場最令人感到興奮的一點是，綠色怪物不知將多少在其他球場可能是全壘打的球給一一吞噬了，球一旦能飛越綠色怪物，總會讓觀眾興奮不已。在2003年改建球場將綠色怪物上方增加觀眾座位後，這裡成為攔截全壘打球的絕佳地點、更成為遊客觀光的勝地。

右外野全壘打牆的距離

除此之外，芬威球場的牛棚練習區也有別於其他球場，原本在界外區的牛棚於1940年移到右外野全壘打牆處，將空出來的位置改建為座位區，如此一來右外野全壘打牆變得離本壘更近，有利於當時球隊巨星威廉斯（Ted Williams）製造更多全壘打。

佩斯基標竿（Pesky's Pole）

右外野還有個標的物不能不提，那就是知名的佩斯基標竿（Pesky's Pole）。這是因為在1950年代，紅襪投手帕尼爾（Mel Parnell）有次因為佩斯基在芬威球場打出擊中右外野標竿的全壘打而拿下勝投，因而創造出「佩斯基標竿」的新名詞。也正由於佩斯基生涯僅17支全壘打、且其中6支出現在芬威球場，因此芬威球場右外野的短距離多次被提出來討論。

不過無論如何，這已成為紅襪隊史的名產，也在帕尼爾後來成為紅襪隊的球賽播報員而發揚光大。紅襪在2006年9月27日佩斯基的87歲生日當天，正式將右外野全壘打標竿命名為「佩斯基標竿」。

CHAPTER 2 **3** 瑞格利球場（Wrigley Field）

芝加哥小熊隊的瑞格利球場（Wrigley Field），是目前大聯盟使用球場中第二古老的。 ｜ 達志影像 提供

Wrigley Field

瑞格利球場（Wrigley Field）

啟用時間：1914年4月23日

首場夜間比賽：1988年8月9日

球場地面：天然草地

球場歸屬：芝加哥小熊（1916－）

興建費用：25萬美元，換算2013年幣值為580萬美元

球場容量：41009人，站位時至少42374人

球場重要時刻
獲得世界冠軍年份：2016
獲得國聯冠軍年份：1918、1929、1932、1935、1938、1945、2016
舉辦明星賽年份：1947、1962、1990

1917年05月02日：紅人托尼(Fred Toney)成為瑞格利球場史上第1位投出無安打比賽的投手。
1932年10月01日：世界大賽第3戰第5局，魯斯(Babe Ruth)第二次面對柯特(Charlie Root)時
　　　　　　　　向中外野看台作出「預言全壘打(Called Shot)」的動作，結果下一球果然將
　　　　　　　　球擊出中外野牆外。
1938年09月28日：與海盜之戰打到快要因天暗而延賽之前，哈特奈特(Gabby Hartnett)轟出再
　　　　　　　　見全壘打結束比賽，此為所謂的「Homer in the Gloamin'」。
1958年05月13日：穆修(Stan Musial)擊出生涯第3000支安打。
1960年05月15日：小熊投手卡德威爾(Don Cardwell)在雙重賽第二戰先發，並成為史上第一位
　　　　　　　　在交易後首次出賽就投出無安打比賽的投手。
1970年05月12日：班克斯(Ernie Banks)擊出生涯第500支全壘打。
1975年09月16日：海盜球員史坦奈特(Rennie Stennett)成為大聯盟史上第二位、20世紀以來首
　　　　　　　　位9局揮出7支安打的球員。
1976年04月17日：費城人球員史密特(Mike Schmidt)單場四轟。
1985年09月08日：羅斯(Pete Rose)單場2安，追平柯布(Ty Cobb)的4191支安打並列史上第1。
1998年05月06日：伍德(Kerry Wood)成為克萊門斯之後第二位單場9局投出20次三振的投手。
2003年10月14日：國聯冠軍賽第六戰，球迷巴特曼(Steve Bartman)第8局阻擾阿路(Moises
　　　　　　　　Alou)準備接殺的界外飛球，使得馬林魚該局狂得8分逆轉獲勝，並於第七戰
　　　　　　　　取得世界大賽門票。
2005年07月26日：麥達克斯(Greg Maddux)投出生涯第3000次三振。
2007年08月12日：葛拉文(Tom Glavine)拿下生涯第300勝。
2008年05月16日：瑞格利球場在第25場比賽時，觀眾數就破百萬，此為該球場的新紀錄。
2008年08月25日：瑞格利球場成為史上最先使用錄影重播科技的球場，幾小時後的晚間比賽才
　　　　　　　　在其他球場使用。

球場演變

在1914年的時候，芝加哥出現首座棒球場，它位於芝加哥的北部，稱為韋翰球場（Weeghman Park），由查理韋翰出資25萬美元興建。不過這可不是給大聯盟球隊小熊所使用，而是他自己的芝加哥鯨魚隊（Chicago Whales），當時隸屬於新成立的聯邦聯盟（Federal League）。

沒想到聯邦聯盟兩年後就關門，而韋翰於1916年率領一個十人團體、其中包括口香糖製造商小瑞格利（William Wrigley Jr.）買下小熊隊。1918年小瑞格利正式接管球隊，並於1920年將球場改名為小熊球場（Cubs Park）；1920年再改名為瑞格利球場，直到現在。

球場的設計

在1937年前，瑞格利球場的外野與球場屬於平行地帶，之後才由維克（Bill Veeck）增高改建為看台；另外維克也突發奇想，將外野護牆上加種長春藤，而球場規則則是，球若隱埋在長春藤裡，野手必須要舉手告知裁判，如此才會判定為場地二壘安打，否則將視為比賽進行中。另外，位在中外野深處的計分板也維持由人工手動方式計分；而詭異的是，百年來計分板從未被球擊中過。

瑞格利球場的創始規定

瑞格利球場也成為大聯盟幾項不成文規定的創建者。

首先，球迷可保有擊到界外區的球；其次，球迷會將客隊擊出全壘打的球丟回場中；第三，「帶我去球場（*Take Me Out To the Ball Game*）」這個膾炙人口的棒球歌曲從1971年起就被頌唱至今，雖然率先在球場唱這歌的名人堂廣播員卡瑞（Harry Caray）當時服務於白襪，但他於1981年來到小熊後繼續自己創造的傳統，現在許多

小常識

瑞格利球場的首場比賽

一九一四年四月廿三日，聯邦聯盟的芝加哥鯨魚隊在當時還被稱為韋翰球場的瑞格利球場迎戰來訪的堪薩斯城包裝工隊，並以九比一獲勝。

球場都有這個7局上半結束、主隊進攻前的球迷活動。更重要的是，現在一般都認為普通人一起唱才有共樂的味道，如果球團邀請歌聲好的人，只會破壞球迷的興致（因為唱得好沒人會跟唱）。

白天連續比賽紀錄

根據小熊過去百年歷史，所有比賽都是白天進行，期間雖曾在1941年加設夜間照明設備，但時值珍珠港事變，因此球隊也將照明設備捐獻了出去。

直到1988年8月8日才中止日間連續比賽5687場的紀錄，小熊也成為大聯盟最後一個進行夜間比賽的球場，不過因為當天與費城人之戰因雨延賽，所以正式時間應該是8月9日（對手換成大都會）。而小熊之所以會有夜間比賽，主因是大聯盟威脅未來季後賽小熊不得在主場比賽之故。

大聯盟球隊近年新建球場介紹

華盛頓國民

球場名稱：國民球場（Nationals Park）
破土時間：2006年5月
啟用時間：2008年開季
球場型態：開放式
球場地面：天然草地
座位容量：4萬1千
興建費用：約6億1000萬美元

紐約洋基

球場名稱：新洋基球場（New Yankee Stadium）
破土時間：2006年8月
啟用時間：2009年開季
球場型態：開放式
球場地面：天然草地
座位容量：5萬1800
興建費用：約13億美元

紐約大都會

球場名稱：城市球場（Citifield）
破土時間：2006年11月
啟用時間：2009年開季
球場型態：開放式
球場地面：天然草地
座位容量：4萬5000
興建費用：6億美元

明尼蘇達雙城

球場名稱：標靶球場(Target Field)
破土時間：2007年8月底
啟用時間：2011年開季
球場型態：開放式
球場地面：天然草地
座位容量：3萬9504
興建費用：5億4500萬美元

邁阿密馬林魚

球場名稱：馬林魚球場（Marlins Park）
啟用時間：2011年開季
球場型態：移動式屋頂
球場地面：天然草地
座位容量：3萬6742
興建費用：約6億3400萬美元

4 牛棚（Bullpen）

牛棚開始準備！？

「牛棚投手已經開始準備了！」「後援投手從牛棚走出了！」在觀看大聯盟轉播時，我們總是會聽到主播這樣說，當然很多人知道，所謂的「牛棚」指的就是後援投手在練習時的特定區域，但問題是為什麼叫「牛棚」，這個詞又是怎麼來的呢？

公牛牌菸草廣告

牛棚（Bullpen）這個詞的來源有幾種說法，在出現於棒球場上之前，是指美國早期拓荒先民們為防止印地安人襲擊而用原木圍成的堡壘，後來則用來形容暫時的監獄。

而用在棒球場上最普遍的說法可推溯到十九世紀末、二十世紀

圖為紐約洋基隊舊洋基球場的牛棚。　│　蔡雨蓁 攝影

初。當時幾乎每個球場外野的投手練習區上方，都有一塊很大的公牛牌煙草（Bull Durham tobacco）的廣告看板，這個看板不只在投手練習區，連外野全壘打牆的廣告也有；而該公司也提供高額獎金給任何一個擊中看板上牛頭的打者。所以當有人把投手練習區另外區隔起來，加上那大而明顯的看板廣告，久而久之，後援投手練習區就被稱為牛棚。

鐵路公司的員工

不過「牛棚」的由來還有別的說法，有些服務於鐵路公司的員工認為牛棚這個詞是由佛瑞爾（Bill Friel）引進棒球場的。

佛瑞爾原是在鐵路公司任職的員工，後來在1901年時加入了美國聯盟的密爾瓦基釀酒人隊。當時在鐵路沿線有些簡陋的小屋，裡面有板凳讓工人在休息時間坐下來休息及聊天用，工人稱為牛棚。在佛瑞爾加入球隊後，他發現投手不工作時也是坐在相似的板凳上休息，於是他便稱此練習區為「牛棚」。

牛棚的設計

牛棚的範圍與大小基本上沒有明文規定，完全根據球場設計與所屬球隊的規劃，因此有些牛棚設立在界外區與觀眾席之間；有些則放在外野全壘打牆之外自成一區。牛棚因為有板凳，因此可坐滿整隊的後援投手，不過真正能投球熱身的位置只有兩個，其他人就地做伸展動作，而且眾人輪流投球熱身，以備不時之需。

牛棚的功能

牛棚的最重要功能就是在場上投手尚未下場前，後援投手能利用時間熱身，隨時準備接替投球。尤其近三、四十年來，美國職棒投手日漸分工專業化，牛棚更顯重要，只要先發投手沒有強勢演出，就可見到後援投手在牛棚亮相暖身。

圖為科羅拉多落磯隊庫爾斯球場（Coors Field）的牛棚。　|　曾文誠 攝影

5 球場食物

人手一支的熱狗

到美國大聯盟球場看比賽，有件事一定要做的——去買條熱狗來吃吃！雖然道奇球場的熱狗舉世聞名，但熱狗這項食物可是美國棒球迷到任何一座球場的最愛啊！

熱狗的來源據說是這樣子的。1869年一位名為費爾門（Charles Feltman）的小販，因為受到附近餐廳及熱三明治影響下，使他的生意大不如前，因此他就想出了用炭火烤香腸，並把它放在小麵包中，推出後大受觀迎。

熱狗能進入棒球場，根據一本描述「史帝文斯公司」（Harry M. Stevens Company）的小冊子是這樣提到的：「1901年球季，在巨人隊的馬球球場（Polo Grounds），由於天寒不適合販賣冰淇淋，因此史帝文斯的老闆就要求員工把香腸熱一下，然後放到麵包中，並且來回高叫『熱狗，要吃趁熱喔！』」

一百多年後的今天，熱狗不但成為道道地地的美國食物，並且早已成為棒球迷看比賽時的首選。人手一支熱狗再加上一瓶啤酒，大概就是球迷的標準「搭配」了，尤其是道奇球場，熱狗受歡迎及大賣的程度，還有人曾開玩笑地以熱狗接起來能繞地球好幾圈來形容。

除了熱狗、啤酒之外，每個球場都各有其特產物，以下就要介紹幾個具有特色的球場食物。

各球場特產食物

金鶯坎登球場（Oriole Park at Camden Yards）：

波格烤肉（Boog's Barbecue）

波格包威爾（Boog Powell）是金鶯隊名將，生涯的339支全壘打有300支出現在效力金鶯隊時，退休後他認為回饋球迷的最佳方式就是提供美食，因此供應多種的烤肉餐點，當面向這位球星點餐更是難得經驗。尤其更重要的

庫爾斯球場內販賣的飲料。 │ 曾文誠 攝影

是，繼包威爾後，幾位退役的球員如費城人的魯辛斯基（Greg Luzinski）、釀酒人的湯瑪士（Gorman Thomas）、海盜的桑吉蘭（Manny Sanguillén）、教士的瓊斯（Randy Jones）也都跟進，在球場邊為球迷服務。

美國電話電報球場（AT&T Park）：
大蒜薯條（Gilroy Garlic Fries）

加州聖荷西附近有個城鎮名叫Gilroy，當地以出產大蒜聞名。由於此名產味道濃烈，相當適合美國的飲食文化，因此有頭腦的商人就想到與球場食物作結合，其中最有名的算是大蒜薯條，搭配飲品令人讚不絕口。

庫爾斯球場（Coors Field）：
洛磯山生蠔（Rocky Mountain Oysters）

如果是吃素或是對動物內臟退卻的朋友，看到這個食物可別一古腦的掏錢出來，否則有可能令你反胃！這個所謂的「洛磯山生蠔」，其實是用牛睪丸所作成的油炸食物，愛吃的人會喜歡它的味道濃烈，不愛吃的人只能送給親朋好友，自己吃旁邊的薯條。

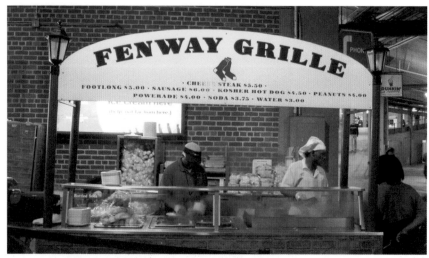

芬威球場內相當有名的熱狗香腸店Fenway Grille。 | 曾文誠 攝影

塞夫柯球場（Safeco Field）：

烤鮭魚三明治（Grilled Salmon Sandwich）

西雅圖的新鮮鮭魚值得一嚐，而塞夫柯球場自然少不了這道美食。超過200克的巨大鮭魚肉因燒烤而香味四溢，無論是搭配塔塔醬或是品嚐原味，絕對令你難以忘懷。

除上述球場食物外，每個球場都有令人流連忘返的美食，而且數量之多難以計數；重點在於，如果你哪天有機會親臨現場，最好在購買球場商品外再挪出一點時間逛逛美食區、打打牙祭，感受一下美國人的飲食文化。

芬威球場（Fenway Park）：

芬威香腸（Fenway Sausage）

每當紅襪在主場比賽時，綠色怪物後方的Lansdowne街有一間知名的店，販賣甜美的義大利熱狗香腸。只要你點「裝滿（Loaded）」，就會送上滿滿裝有洋蔥、番茄醬或烤肉醬料的熱狗；只是稍一不小心，你的衣服也會共享美食，不過其美味絕對會讓你甘願將衣服拿去送洗。

MLB

CHAPTER 3

棒項

CHAPTER 3 1 美國棒球作家協會

獎項產生方式

　　職業運動除了運動員的表現、薪資問題、勞資關係外，年度獎項也是吸引外界關注的焦點。美國職棒每年都會頒發諸多獎項，其中四項大獎來自於美國棒球作家協會（Baseball Writers' Association of America、BBWAA）；其他獎項林林總總，有球迷票選，也有球員、教練投票產生，不一而足。

媒體從業人員組成

　　美國棒球作家協會顧名思義，就是負責主跑美國職棒的媒體從業人員所組成的一個機構，早在1908年就設立至今。

　　由於美國職棒的球隊分布在全美各地乃至於加拿大，因此各家媒體得將記者派駐在球團所在地，而美國棒球作家協會必須時常與大聯盟球團聯繫，以利於當地記者採訪球隊與球員的消息。

四項大獎的投票

　　美國棒球作家協會有項重要工作項目，就是票選大聯盟的季後年度獎項，目前所負責的計有聯盟年度最有價值球員獎（Most Valuable Player Award）、聯盟賽揚獎（Cy Young Award）、聯盟年度最佳新秀獎（Rookie of the Year Award）、聯盟年度最佳教練獎（Manager of the Year）。

名人堂的票選

　　除負責上述四個獎項的投票，美國棒球作家協會還負責每年的名人堂票選，與一般獎項不同的是，美國棒球作家協會成員滿十年以上年資者才有投票資格。不過近年來美國棒球作家協會常招致批評，部分原因為有些成員在名人堂票選時標準不一，使得有些球員每年的得票率出現不小差距，甚至外界一般公認的名人堂得主也無法獲得全數票選者的支持。

美國大聯盟重要獎項一覽表（獎名－設立年份－產生方式）

最有價值球員獎（Most Valuable Player Award）－1910－美國棒球作家協會票選

最佳新秀（Rookie Of the Year Award）－1947－美國棒球作家協會票選

賽揚獎（Cy Young Award）－1956－美國棒球作家協會票選

金手套獎（Rawlings Gold Glove Award）－1957－各隊教練團

明星賽最有價值球員獎（All－Star Game MVP Award）－1962－大聯盟挑選明星賽成績最佳者

克萊門特獎（Roberto Clemente Award）－1971－大聯盟挑選

年度指定打擊獎（Edgar Martinez Award）－1973－各球團棒球作家、廣播員、美聯公關部門

Rolaids年度救援投手獎（Rolaids Relief Man of the Year Award）－1976－統計數據最高者

銀棒獎（Silver Slugger Award）－1980－各隊教練團

最佳總教練（Manager of the Year Award）－1983－美國棒球作家協會票選

球員選擇獎（Players Choice Awards）－1992－球員票選

漢克阿倫獎（Hank Aaron Award）－1999－轉播員、評論員、球迷

DHL年度最佳救援投手獎（DHL Delivery Man Of The Year Award）－2005－球迷票選、四人小組票選

東山再起獎（Comeback Player of the Year）－2005－大聯盟官網30隊隨隊記者票選

2 年度最有價值球員獎 (MVP)

CHAPTER 3

查爾莫獎 (Chalmers Award)

　　大聯盟年度最有價值球員獎在大聯盟史上歷經三次演變，最早是查爾莫（Chalmers）汽車公司在1910年準備設立的查爾莫獎，原本這是頒給兩聯盟年度的打擊王。

　　但該年卻發生美聯兩位球員柯布（Ty Cobb）與拉左威（Nap Lajoie）不相上下的情況，結果克利夫蘭絨毛（Cleveland Naps）與聖路易棕人（St. Louis Browns）的最後一天二連戰裡，棕人竟然擴大內野防守區，使得兩戰下來拉左威出現7支觸擊安打的罕見紀錄，因而擊敗柯布奪下打擊王頭銜。

　　結果在一片爭議聲中，查爾莫（Hugh Chalmers）宣布自1911年起，得獎者不再限定為打擊王，而是頒給「場上表現與行為都足以證明自己是球隊以及整個聯盟的重要球員」的球員。因此，最有價值（Most Valuable）就成為日後這個年度大獎的基本概念。不過這個

獎項的歷史只有4年即宣告中止。

自行設立的聯盟MVP獎

　　8年後的1922年，美國聯盟自行設立聯盟MVP獎，不過當時規定有諸多爭議：例如每隊只能有一位候選人、球員生涯只能獲獎一次，因此出現許多同隊兩個人表現優異者、以及多年皆有出色成績的球員無法進入票選的奇怪現象。

　　有鑑於此，國聯在1924年設立聯盟MVP獎時，規定放寬了許多：投票者可投10人，且沒有得獎者僅限一次的限制。然而這個聯盟設立的獎項還是在1929年就劃下句點。

美國棒球作家協會的票選

　　1931年，美國棒球作家協會接下票選聯盟MVP的工作，並立下現在的規模，不過當時並未獲得兩聯盟正式認可，且運動新聞（The Sporting News）也持續做自己的評審票選，直到1938年才同意與美

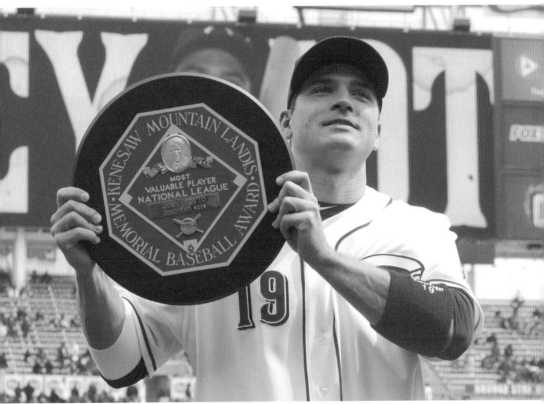

圖為沃托（Joey Votto），沃托在2010年MVP票選中拿到31張第一名選票，1張第二名選票，
總計443分獲得2010年國家聯盟最有價值球員。 │ 達志影像 提供

M L B 專 欄

打者專屬的MVP獎？

　　值得一提的是，在1956年賽揚獎設立（當時兩聯盟僅頒發給一人）之後，曾有人提議，
既然已有投手專屬的獎項，聯盟MVP獎此後應該頒給非投手球員以作區別；不過說歸說，聯
盟MVP獎始終沒有明文規定屏除投手，但此後投手獲獎的次數確實也大為減少。而自1967年
賽揚獎分成兩聯盟各一人後，聯盟MVP獎只出現過八位投手，最近的一次是2011年的韋蘭德
（Justin Verlander），該年他也獲得美聯賽揚獎頭銜。

國棒球作家協會合流（即便如此，1948年以前運動新聞還是有自己的MVP獎座）。

票選規則

根據現行聯盟最有價值球員獎的票選規則規定，每個球團所在城市可有2位票選者，因此美聯共有28人、國聯32人；每個票選者可圈選10位球員，且要分出排名順序，每個獲得票選者圈選第一名的球員可獲14分，第二名則為9分，第三名起逐次減1分，第10名則為1分。總分最高者即為聯盟MVP得主。

個人成績與球隊戰績

針對MVP的爭議，即是所謂的球隊戰績問題。若根據1911年的基本概念，一般認為幫助球隊打進季後賽就是球員最大的貢獻；如果某位球員的表現太過突出，即便球隊無法進軍季後賽，也應該獲得獎項肯定，但這個情況並不多見。

以2006年美聯為例，MVP得主莫紐（Justin Morneau）的成績為3成21打擊率、34支全壘打、130分打點；奧提茲（David Ortiz）為2成87打擊率、54支全壘打、137分打點；吉特（Derek Jeter）為3成43打擊率、14支全壘打、97分打點，結果莫紐與吉特所屬的雙城、洋基皆闖進季後賽，票選分別位居一、二位，紅襪的奧提茲排第三。

另一個例子則是羅德里格茲（Alex Rodriguez）的2001至2003年成績，其中2001與2002年皆繳出單季至少3成打擊率、50支全壘打、135分打點的成績，卻先後輸給鈴木一朗、提加達（Miguel Tejada），因為當時的水手與運動家皆闖進季後賽，在遊騎兵的羅德里格茲便被割愛。反觀2003年羅德里格茲的表現低於前兩年（打擊率0.298、47支全壘打、118分打點），卻因其他球員不夠傑出而獲獎。

MVP獎投票實例（2012年美國聯盟MVP獎）

球員	球隊	1	2	3	4	5	6	7	8	9	10	Total
Miguel Cabrera	老虎	22	6	—	—	—	—	—	—	—	—	362
Mike Trout	天使	6	21	1	—	—	—	—	—	—	—	281
Adrian Beltre	遊騎兵	—	1	16	9	1	—	1	—	—	—	210
Robinson Cano	洋基	—	—	6	10	1	1	3	2	1	—	149
Josh Hamilton	遊騎兵	—	—	—	3	6	5	8	2	3	1	127
Adam Jones	金鶯	—	—	1	2	8	5	4	3	2	—	124
Derek Jeter	洋基	—	—	2	1	4	1	3	2	1	1	73
Justin Verlander	老虎	—	—	—	2	3	3	2	—	1	1	58
Prince Fielder	老虎	—	—	—	—	1	5	1	2	5	5	56
Yoenis Cespedes	運動家	—	—	—	—	1	2	2	3	2	4	41
Edwin Encarnacion	藍鳥	—	—	—	—	2	—	—	5	—	6	33
David Price	光芒	—	—	1	—	—	3	—	1	—	—	26
Fernando Rodney	光芒	—	—	—	—	—	—	1	5	2	1	24
Jim Johnson	金鶯	—	—	1	1	—	—	1	1	—	—	22
Alex Rios	白襪	—	—	—	—	1	—	—	—	5	1	17
Josh Reddick	運動家	—	—	—	—	—	2	—	—	1	2	14
Albert Pujols	天使	—	—	—	—	—	1	—	—	1	1	8
Ben Zobrist	光芒	—	—	—	—	—	—	1	—	1	1	7
Joe Mauer	雙城	—	—	—	—	—	—	—	1	—	3	6
Rafael Soriano	洋基	—	—	—	—	—	—	—	1	1	—	5
Matt Wieters	金鶯	—	—	—	—	—	—	1	—	—	—	4
Felix Hernandez	水手	—	—	—	—	—	—	—	—	1	—	2
Jered Weaver	天使	—	—	—	—	—	—	—	—	1	—	2
Raul Ibanez	洋基	—	—	—	—	—	—	—	—	—	1	1

註：如表格所示，Miguel Cabrera在第一名的票數得到22票，第二名票數得到6票，因此總分數為22x14+6x9=362，為票選球員裡最高分，因此獲得2012年的美國聯盟MVP獎。

CHAPTER 3

3 賽揚獎 最佳新秀 最佳總教練

票選規則

　　賽揚獎（Cy Young Award）、
年度最佳新秀獎（Rookie Of the
Year Award）、年度最佳總教練

圖為迪奇（R.A. Dickey），迪奇以38歲之齡拿下2012
年國家聯盟賽揚獎，也是史上第一位蝴蝶球賽揚投
手。｜達志影像 提供

獎（Manager of the Year
Award）的票選規則為：每個
球團所在城市的2位美國作家
協會成員的票選者（美聯28
人、國聯32人）各選出3位最
佳投手、新秀、總教練的候選
人，且須分出排名，第一名可
獲5分、第二名3分、第三名1
分，也就是美聯最高140分、
國聯160分。

　　不過在1970年以前，賽揚
獎票選規則較為簡單，每個票
選者只投給心目中的最佳候選
人，且每票為1分；1970年時
才建立現在的規則。

賽揚投手獎

　　在聯盟MVP獎出現後，
大聯盟主席佛瑞克（Ford
Frick）也在1956年創設投手
專屬的年度獎項，作為表彰投
手的最高榮譽，而以1955年去
世的名人堂得主、史上最多勝

圖為坦帕灣光芒隊的隆戈利亞（Evan Longoria）【圖左】獲得2008年美國聯盟的最佳新秀獎。｜達志影像 提供

投手賽揚（Cy Young）作為獎項名稱。在1956年到1966年間，全大聯盟只有一位投手能獲得賽揚獎，自1967年起，才決定由兩聯盟各選出一位投手獲得該獎項。

年度最佳新秀獎

大聯盟年度最佳新秀獎是在二次世界大戰後才設立，對象是在兩聯盟表現優異的菜鳥球員。

其實在1940到1946年間，美

國棒球作家協會芝加哥分會就曾票選年度最佳新秀，直到1947年才廣邀所有會員將之發展為一個正式獎項。偏偏無巧不巧，當年正好是羅賓森（Jackie Robinson）打破種族藩籬，成為首位加盟美國職棒的非裔美人，而他也以優異成績成為該獎項的得主。

最佳新秀獎的名稱演變

原本年度最佳新秀獎的正式名稱為考明斯基紀念獎（J. Louis Comiskey Memorial Award），而到1987年、也就是羅賓森打破種族藩籬40週年，大聯盟才將此獎項更名為羅賓森獎（Jackie Robinson Award）。

順帶一提，大聯盟為了表彰羅賓森的歷史地位與貢獻，還在50週年後的1987年宣布將30支球隊的42號背號全數退休，而之前有此背號的球員則可穿到退休，現今大聯盟唯一還有42號背號的就是洋基終結者里維拉（Mariano Rivera）。

新秀的定義

由於大聯盟球員在首個大聯盟球季常常僅是「觀光」性質，因此為求公平，就得對「新秀」作實質上的定義。

根據規則，要達到入選年度最佳新秀，必須滿足以下條件：

1. 球季內必須達130個打數、或投球局數達到50局。

2. 必須在大聯盟25人名單中待滿45天，且不計傷兵名單與9月擴編名單的天數。

新秀的爭議

這個規則定義本無問題，但當初制定時並沒有想到其他國家職業球員參加大聯盟之後的情況，最明顯的例子就是1995年野茂英雄、2000年佐佐木主浩、2001年鈴木一朗先後獲得聯盟年度最佳新秀獎，才引起一些棒球作家的爭議。

不過目前為止尚未對此爭議作規則上的修改，可能與當初定義的範圍是在「大聯盟（Major League）球團」而非「職業棒球（Professional Baseball）球團」有關。

年度最佳總教練獎

年度最佳總教練獎的設立時間較晚，到1983年才出現，此為表彰兩聯盟率領球隊打出不錯戰績的各隊總教練。

聯盟年度總教練首位獲獎者為拉索達（Tommy Lasorda、國聯）與拉魯沙（Tony La Russa、美聯）；考克斯（Bobby Cox）及李藍（Jim Leyland）則是25年歷史中在兩聯盟皆獲獎的總教練；考克斯與拉魯沙更是史上獲獎最多者，皆為四次。至於史上還剩下大都會、釀酒人、魔鬼魚三隊的總教練未曾拿過年度總教練獎。

人物

賽揚（Cy Young）

一八九〇年──一九一一年（大聯盟生涯）。大聯盟史上勝投最多的投手，總共獲得五一一勝。除了勝投，也是吃最多局數（七三五五局）、最多先發（八一五場）、最多完投（七四九場）以及最多敗（三一六場）的投手。

CHAPTER 3

4 金手套獎 銀棒獎 明星賽最有價值球員

金手套獎

(Rawlings Gold Glove Award)

金手套獎是大聯盟季後的大型獎項之一，因為兩聯盟所有守位共18人次可獲得該獎項。此由知名球具製造商羅林斯（Rawlings）所冠名贊助。

金手套獎的票選方式，是由聯盟各隊的教練團針對球員防守表現予以投票，但不能投給自己球隊的球員。金手套獎目前為人詬病的地方有二：

一是防守不像攻擊那樣有精確的數字作背書，事實上要判定防守好壞有其難度，現有數據上不能完整說明一個守備員的全部能力，因此難免淪為教練的印象分數。所造成的結果就是某些球員往往連續好幾年得獎。

二是連一個守位都要評定球員之間的好壞有其難度，現今金手套獎外野手部分並沒有細分為左外野、中外野、右外野，因而形成多年來中外野手壟斷金手套獎的局面。

在金手套獎歷史上，以投手麥達克斯（Greg Maddux）獲獎17次為最多，其他守位最多的得主也至少在10次以上；史上唯一內外野皆得獎的僅有厄斯泰德（Darin Erstad），其中2000年、2002年是以外野手身分獲獎，2004年則以一壘手位置得獎；而帕梅洛（Rafael Palmeiro）於1999年擔任DH達135場、一壘僅28場，最終卻獲獎，因之引發爭議，也再次印證了金手套獎投票偏於印象的說法。

圖為杭特（Torii Hunter）獲得2005年美國聯盟外野手金手套獎。 │ 達志影像 提供

圖為葛雷諾（Vladimir Guerrero），葛雷諾獲得2004年美國
聯盟銀棒獎。 | 達志影像 提供

銀棒獎
（Silver Slugger Award）

　　銀棒獎是相對於金手套獎的一個獎項，主要的對象是打擊表現傑出的各個守備位置的球員。票選規則是由各隊教練團針對球員表現予以投票，但不能投給自己球隊的球員。

　　銀棒獎設立於1980年，由知名球具製造商路易斯威爾（Louisville Slugger）所贊助。兩聯盟各有九位球員得獎，唯一差別在國聯為投手、美聯為指定打擊得獎。

明星賽最有價值球員獎
（All－Star Game MVP Award）

　　明星賽MVP從1962年開始頒發。明星賽本來是大聯盟娛樂性質的季中棒球饗宴，但因為在2002年時兩聯盟明星隊比賽結果為平手而引發爭議，在大聯盟主席塞利格（Bud Selig）的建議下，2003年起改成獲勝球隊所屬聯盟擁有該年度世界大賽的主場優勢，使得比賽變得較為嚴肅。

　　由於明星賽球員過多，無法每個人都有足夠的打席數，除非一擊定江山，否則通常明星賽最有價值球員獎都是給打數最多、成績最佳的球員。

圖為鈴木一朗（Ichiro Suzuki），鈴木一朗獲得2007年大聯盟明星賽的最有價值球員獎。　│　達志影像 提供

5 季後賽獎 漢克阿倫獎 克萊門特獎

圖為2004年波士頓紅襪隊獲得世界大賽冠
軍的冠軍戒指,此戒指是大聯盟球員渴望
與努力的最大目標。 | 達志影像 提供

季後賽獎 (Post-Season Award)

季後賽的獎項共分為聯盟冠軍賽MVP、世界大賽MVP兩種，對象是在這兩個系列賽表現優異、尤其是影響最終勝負的關鍵球員。

漢克阿倫獎 (Hank Aaron Award)

顧名思義，此獎項是頒給大聯盟球隊中的頂級打者，設立於1999年漢克阿倫超越貝比魯斯（Babe Ruth）714支全壘打紀錄的25週年。

漢克阿倫獎當初的設計並非給在全壘打數據上有超卓成績的球員，而是在安打、全壘打、打點等三項數據給予加權計分，然後兩聯盟得分最高者得獎。

但2000年起隨即改成投票的方式，票選者分為二組：每支球團的電視轉播員與評論員各可在兩聯盟選取3位球員並排序，第一名可獲5分、第二名3分、第三名1分，得分最高者獲獎。

2003年規則再改，電視轉播員與評論員的票選佔總得分的七成，球迷在大聯盟官網的票選則佔三成。自1999年起，羅德里格茲（Alex Rodriguez）已在美聯得獎4次，國聯則以邦斯的3次為最多。

圖為2005年漢克阿倫獎得獎者，右為美聯紅襪隊的歐提茲（David Ortiz）、左為國聯勇士隊的瓊斯（Andruw Jones）分別在單季全壘打與打點領先所屬聯盟，獲得該獎項的頭銜。 | 達志影像 提供

圖為2007年克萊門特獎得獎者，休士頓太空人隊的畢吉歐（Craig Biggio），左右兩旁的是他的妻子與兒子，與他共同分享此榮耀。 │ 達志影像 提供

克萊門特獎

（Roberto Clemente Award）

　　羅伯多克萊門特是波多黎各棒球史上最偉大的球星，大聯盟生涯達成3000安打的里程碑，但卻在1972年尼加拉瓜地震賑災的過程中因飛機失事喪生，他也成為大聯盟史上唯一不需經過5年等待期、且立即入選名人堂的球員。

　　大聯盟曾於1971年設立「大聯盟主席獎（Commissioner's Award）」，而在隔年克萊門特意外喪生後立即以其名字作為獎項名稱。

　　現在每年所頒發的克萊門特獎，先從各隊挑選一位球員開始，季後大聯盟再從30人名單中選出得主，而得獎的球員不必要是球季有極為傑出的成就，而是表彰場上行為端正，場外積極參與社區公益活動的人道精神。也正由於克萊門特獎的特性，因此不會出現同一球員二度獲獎的情況。

6 至高榮譽－名人堂

終身最大成就

棒球名人堂（The National Baseball Hall of Fame and Museum）是美國職棒至高榮譽之所在地，所有相關的人士都以進入名人堂為終身最大成就。截至2008年為止，70餘年下來已有286人成為會員，其中包括228位球員、19位總教練、8位裁判、31位棒球先驅者。

名人堂成立背景

美國職棒成立後的幾十年，由於偉大的球員相繼出現與退休，因此有識之士認為應該設立一個地點用來紀念這些球員，以作為歷史的見證；隨後在勝家縫紉機器公司（Singer Sewing Machine Company）幫助並利用克拉克（Stephen C. Clark）提供經濟大蕭條所遺留下來的旅館作為館址，名人堂於1939年正式啟用。不過在此之前的1936年就有第一批成員出現，分別是柯布（Ty Cobb）、魯斯（Babe Ruth）、華格納（Honus Wagner）、麥修森（Christy Mathewson）、強森（Walter Johnson）。

名人堂場館

隨著時間的演進，名人堂舊有硬體設施已無法繼續擺設成員、紀錄等相關物品。因此1994年成立耗資800萬的圖書館與研究設施、2005年則完成場館的擴編改建。

名人堂座落在紐約州的古柏鎮（Cooperstown），館內陳列文物包羅萬象，除名人堂成員匾額，還有多達260萬件歷史文物（剪報、照片等）、3萬5000件紀錄相關物品、13萬張棒球卡，因而自啟用之後吸引無數棒球迷、遊客入內參觀瞻仰，而根據館方資料顯示，平均每年有35萬人次進館、總數超過1400萬。

進入名人堂的方式

美國棒球作家協會票選：美國棒球作家協會的票選對象為大聯盟年資滿10年、且退休滿5年的球員；另外還選出泰勒史賓克獎（J. G. Taylor Spink Award）。

名人堂資深委員會（Veterans Committee）票選：名人堂資深委員會所遴選的對象為球員、總教練、裁判、球團與聯盟高層、還有其他對棒球界有卓越貢獻之人士。其中球員部份還分為兩種：15年未能藉由美國棒球作家協會票選進入名人堂、以及退休至少21年者。另外還選出福特福瑞克獎（Ford C. Frick Award）。

值得注意的是，泰勒史賓克獎與福特福瑞克獎的得獎者雖然名義上並非名人堂成員，但由於可在名人堂儀式中發表感言，且區額展示在館內，甚至也成為名人堂資深委員會的一員，因此外界普遍認為他們就是名人堂一份子。

泰勒史賓克獎與福特福瑞克獎

泰勒史賓克獎（J. G. Taylor Spink Award）：

象徵美國職業棒球作家最高榮譽的獎項，以紀念已故的運動新聞發行人泰勒史賓克（1988－1962）。泰勒史賓克在1914年創立運動新聞，並將該媒體從原本的棒球領域擴展到拳擊、美式足球，進而到現今全美所有職業運動。

史賓克去世當年，美國棒球作家協會立即設立這個獎項，史賓克自然是首個得獎者；此後決定每年選出一位得獎者，票選者為協會成員。該獎項早期採取秘密投票方式、僅公佈得獎者；近年來才將票選細節於協會官網公佈出來。

福特福瑞克獎（Ford C. Frick Award）：

象徵棒球比賽廣播員的最高榮譽，於1978年福特福瑞克逝世後以其名設立。福瑞克在進入媒體早期，曾是每日運動賽事廣播的先驅者。1934年轉任國家聯盟公關部主任，不久後就接任國聯主席，並是1939年名人堂設立的主要核心人物之一；而在羅賓森（Jackie Robinson）打破種族藩籬進入大聯盟之前，以禁賽威脅準備抵制他的聖路易紅雀隊球員，因而聲名大噪，在1951年成為第三任大聯盟主席直到1965年。

但1961年馬里斯（Roger Maris）單季61支全壘打突破魯斯紀錄後被加註星號（意指該紀錄值得商榷）的事件也發生在福瑞克身上，此無疑是最引人爭議之決定，而主因應該與他曾是魯斯的影子作家（ghostwriter）有關。福瑞克在卸職後，於1970年入選棒球名人堂。

CHAPTER 3

7 名人堂票選規則

由於要進入名人堂必須經由美國棒球作家協會與名人堂資深委員會，且兩者票選的對象不同，因此就這兩種方式介紹簡單的票選規則。

美國棒球作家協會票選規則

1.票選者：

凡在媒體服務至少10年且是現任記者或作家、同時是美國棒球作家協會成員滿10年者。

2.球員入圍規定：

⑴球員必須擁有至少10年大聯盟年資，且退休滿5年者。

⑵在大聯盟待20個非完整球季，且退休滿5年者。

⑶現役球員與退休不滿5年即去世之球員，其中距離去世時間滿6個月、或滿第5年（任一先滿足）時，即可取得票選資格。

⑷大聯盟生涯期間沒有被放進失權名單（Ineligible List，見P.99）者。

3.投票方法：

⑴美國棒球作家協會指定6人所組成之甄選委員會負責遴選工作，首次取得票選資格者得獲委員會至少2名成員提名得以進入票選。

⑵每個票選者圈選入圍者以0位到10位為限。

⑶票選門檻達到75%者得進入名人堂。

⑷票選期間得票率介於5%到75%之間的球員得繼續保有票選資格，直到15年期滿為止。

4.投票依據：

票選者應以球員生涯紀錄（record）、能力（ability）、運動精神（sportsmanship）、誠信（integrity）、人品（character）、對球隊貢獻（contributions to the team）等方面做票選依據。票選者不能因為入圍者的某一項特殊成績作為票選依據，如單季4成打擊率、完全

比賽等。

5.票選時間：

美國棒球作家協會需在1月15日前送出票選名單給票選者，票選者得在20天內將記名之選票寄回美國棒球作家協會統計票數。

6.認證：

所有票選者所寄出之選票的統計結果，得經過美國棒球作家協會與名人堂的認證，然後送交大聯盟主席，而後作統一公佈。

7.更改規則：

名人堂有權在任何時間依據需要對票選規則作刪減、修改的動作。

名人堂資深委員會票選規則

名人堂資深委員會前幾年針對入選規則進行改制，除保有75%的票選門檻外，其餘部分作了大幅更動，根據2010年新規定，所有球員、主管、總教練、裁判等候選人不再作分類而同歸一張選票上，名人堂資深委員會以一個16人小組進行票選，該成員包括名人堂球員、聯盟高階主管、棒球歷史學家與資深媒體人員。

修改後的規則將候選人依年代區分，計有種族融合前年代（Pre-Integration Era、1871年到1946年）、黃金年代（Golden Era、1947年到1972年）、擴張年代（Expansion Era、1973年以後）等。2010年票選擴張年代、2011年票選黃金年代、2012年票選種族融合前年代，在制度未再作更改前，這樣的票選模式就每三年輪流一次。

2011年MLB名人堂票選結果			
球員	票選年度	得票數	得票率
Roberto Alomar	2	523	90.0%
Bert Blyleven	14	463	79.7%
Barry Larkin	2	361	65.1%
Jack Morris	12	311	53.5%
Lee Smith	9	263	45.3%
Jeff Bagwell	1	242	41.7%
Tim Raines	4	218	37.5%
Edgar Martinez	2	191	32.9%
Alan Trammell	10	141	24.3%
Larry Walker	1	118	20.3%
Mark McGwire	5	115	19.8%
Fred McGriff	2	104	17.9%
Dave Parker*	15	89	15.3%
Don Mattingly	11	79	13.6%
Dale Murphy	13	73	12.6%
Rafael Palmeiro	1	64	11.0%
Juan Gonzalez	1	30	5.2%
Harold Baines	*5*	*28*	*4.8%*
John Franco	*1*	*27*	*4.6%*
Kevin Brown	*1*	*12*	*2.1%*
Tino Martinez	*1*	*6*	*1.0%*

註1：Roberto Alomar、Bert Blyleven超過75%進入名人堂

註2：斜體字表得票率未滿5%，失去名人堂票選機會。

註3：Dave Parker連15個年度票選未過75%，失去棒球作家
　　　協會票選資格。

CHAPTER 3 8 二十世紀全明星隊

1999年在萬事達卡（MasterCard）的贊助下，大聯盟特別舉辦「二十世紀全明星隊」的票選活動，目的是在選出大聯盟前百年實力最好、最受球迷肯定與懷念的巨星。

這個活動先由專家所組成的審查小組定出100位球星，然後由球迷進行票選，票選結果的投手前6位、外野手前9位、其他位置前2位、總計25人組成明星隊，之後再由審查小組選出3名投手、2名野手，將明星隊擴編為30人。

票選結果出爐後，大聯盟在1999年世界大賽第2戰賽前舉辦表彰儀式，所有現役與還在世的球員均來到現場，包括威廉斯（Ted Williams）與柯法克斯（Sandy Koufax）。

二十世紀全明星隊		
守位	球員	票數
投手	萊恩（Nolan Ryan）	992040
	柯法克斯（Sandy Koufax）	970434
	賽揚（Cy Young）	867523
	克萊門斯（Roger Clemens）	601244
	吉布森（Bob Gibson）	582031
	強森（Walter Johnson）	479279
	史班（Warren Spahn）*	337215
	麥修森（Christy Mathewson）*	249747
	葛羅夫（Lefty Grove）*	142169
捕手	班區（Johnny Bench）	1010403
	貝拉（Yogi Berra）	704208
一壘	蓋瑞格（Lou Gehrig）	1207992
	麥奎爾（Mark McGwire）	517181
二壘	J. 羅賓森（Jackie Robinson）	788116
	洪斯比（Rogers Hornsby）	630761
三壘	史密特（Mike Schmidt）	855654
	B. 羅賓森（Brooks Robinson）	761700
游擊	小瑞普肯（Cal Ripken Jr.）	669033
	班克斯（Ernie Banks）	598168
	華格納（Honus Wagner）*	526740
外野	魯斯（Babe Ruth）	1158044
	阿倫（Hank Aaron）	1156782
	威廉斯（Ted Williams）	1125583
	梅斯（Willie Mays）	1115896
	迪馬喬（Joe DiMaggio）	1054423
	曼托（Mickey Mantle）	988168
	柯布（Ty Cobb）	777056
	小葛瑞菲（Ken Griffey Jr.）	645389
	羅斯（Pete Rose）	629742
	穆修（Stan Musial）*	571279

*表審查小組另外挑選入隊

MLB

CHAPTER 4

運投

CHAPTER 4

1 指定打擊制度

MLB兩個聯盟的最大差異

　　只要看美國職棒或是日本職棒的球迷，對指定打擊制度（Designated Hitter簡稱DH）絕對不陌生，這是不讓沒有攻擊力的投手上場打擊的一種施行了三十餘年的制度。不過我們可以見到，美國大聯盟裡，美聯採用指定打擊制度、國聯則否。而DH制是否應存在在棒球場上，直到目前為止始終爭議不斷、公婆皆有理、難以達成共識。

DH制出現歷史背景

　　早在二十世紀初，大家就發現投手是打擊貢獻度最低的一人，好像每次上場只是無謂的提供出局數。費城運動家隊老闆邁克（Connie Mack）曾鼓吹投手不應該打擊，1920年代也再度出現此聲浪，但最後皆無疾而終。直到1969年時，大聯盟春訓比賽才首次見到DH制，直到1973年美國聯盟正式採用。

　　指定打擊制於1973年被引進球場，史上第一位DH，洋基的布隆伯格（Ron Blomberg）改變了日後的棒球世界；但由於國聯的強烈反對，直到1976年，才真正在世界大賽出現DH。

　　在這三年期間美聯不斷的奔走遊說，大聯盟終於提出折衷解決方案，規定世界大賽的比賽若在美聯球場舉行時採用DH制，到國聯球場時投手就要打擊。詭異的是，反對DH制的國聯卻在首次「試用」時，反而擊敗了美聯，奪下世界冠軍。

DH制的影響

　　一些專家認為採用DH制之後將無法公平的顯示出具強打能力的投手和弱打間的優劣性，他們也指出這對教練的調度及其作戰策略的選擇將會有很大的影響。諸如是否要在後面幾局啟用代打來代替投手打擊，以及該在何時換什麼樣的後援

投手上來壓陣等。

另一個反對DH制的聲音是，這個制度將有助於一些過氣的明星球員延長壽命，讓對要求全面性打跑守的球員能力受到挑戰。然而，支持者卻認為DH制可以讓比賽更緊湊，得分更多，讓球迷看得更過癮。

DH制的價值與樂趣

即便反對者認為打擊與守備是證明球員價值的一體兩面，但若球員能以攻擊作出貢獻、投手專心負責自己拿手的部分、一如DH般專業，其實也無不妥。因此平心而論，DH制雖不完美但有其存在的價值。

如前述所言，DH制確實可增強球隊的進攻能力，因此現在許多因年邁而臃腫、無法全場奔跑守備的老將，或是本來就只有強悍打擊、但守備不佳的年輕球員，就有在美聯延續棒球生命的舞台。

因此，美聯的樂趣在於DH制讓投手們所面對的是難有喘息時間的打線，比賽張力會比國聯來得高些；但國聯比賽也不會因為有投手打擊就變得枯燥乏味，因為我們除了有投手神來一棒的期待，更可透過教練在雙換人（Double Switch）調度的戰術策略運用，提早觀察一支球隊的板凳深度。

compare

採用DH制前後美聯的打擊表現

DH制前	DH制後
平均得分6.9分	平均得分8.6分
平均全壘打1.26支	平均全壘打1.52支

最近5年美聯DH與國聯投手打擊比較

美聯DH	國聯投手
2成58打擊率	1成39打擊率
1598支全壘打	107支全壘打
5866分打點	1288分打點

名詞

雙換人（Double Switch）

　　雙換人戰術是棒球比賽最引人入勝的一種策略模式，通常出現在沒有指定打擊的國聯比賽。

　　至於何謂雙換人，以國聯為例，最簡單且常見的情況是，在攻方結束某一局攻勢後，最後出局的打者之打序在下個半局換上替補投手、而原來投手打序換上另一名替補野手。當然還有出現兩位以上、不同打序的球員替換，此皆是雙換人戰術的延伸，另外，因無明文規定一定要換投手，所以美聯也會出現雙換人的情況。

　　至於投手打擊時換代打、之後該名代打接替其他打序的野手守位之情況，由於屬於非同時進行的換人動作，以往常容易被人誤解為雙換人。

人物

歷史上第一位DH：洋基的布隆伯格（Ron Blomberg）

　　布隆伯格是猶太裔美國人，小時候就展現全能的運動能力，高中時期同時以棒球、籃球、美式足球身分入選《展示雜誌》（Parade Magazine）所選出的全美明星隊，此為空前絕後的紀錄。

　　布隆伯格是1967年大聯盟的選秀狀元而與洋基隊簽約，不過他在歷史上的定位並非他的生涯成就（因傷只打8年球季），而是1973年美聯引進指定打擊制時，成為史上第一位DH，同場較量的紅襪塞佩達（Orlando Cepeda）則是第二位。

　　布隆伯格退休後仍活躍在棒球圈，曾於2004年被選進猶太體育名人堂（National Jewish Museum Sports Hall of Fame），目前則服務於以色列棒球聯盟的球隊。

DH制與球員

投手與DH制

雖然採用DH制之後正反雙方意見各異，但不用上場打擊，幾乎所有投手都很贊成，除了少數的以外，例如芝加哥白襪隊的投手佛斯特（Terry Forster）曾在1972年創下五成一九的高打擊率，甚至在那年球季的後半段，還專門上場代替該隊的三壘手亞倫（Hank Allen）打擊，就因為他的打擊能力很強，所以也成為少數反對DH制的投手，但絕大多數投手都是贊成的。

因為不知道為什麼，投手們對於上場打擊似乎都感到很不能適應，而他們當中卻有很多人在高中或是大學的球隊裡，是投打兩樣皆很出色、甚至可能是隊上的最強棒。當然有的投手蠻會打擊的，不過離一般的標準還是有一段差距。至少前勇士巨投麥達克斯（Greg Maddux）、2008年加盟雙城的赫南德茲（Livan Hernandez）、響尾蛇的歐文斯（Micah Owings）、小熊的馬奎斯（Jason Marquis）都是具有打擊力的好手。

野手與DH制

正常情況下，一般野手的角度與其說不同，不如說是傳統或正統。因為自發明棒球以來，球員上場就是要能打能守，只打擊不守備就像半個人一樣不完整。甚至進入二十一世紀，諸如歐多涅茲（Magglio Ordonez）、吉倫（Jose Guillen）、羅德里格茲（Ivan Rodriguez）等人，曾表達希望擔任一般野手的工作而非DH；因此有很多球員在排除其他因素後願意加入國聯，為的就是證明他們還能守備，不想成為只會打擊的機器人。

不能否認的是，不是每個人都這麼想，尤其有些球員因DH制而受惠，其中大都是來自於體力速度變差拖累守備、但打擊依舊兇猛的資深球員。歷史名將如傑克森（Reggie Jackson）、布瑞特（George Brett）、莫里特（Paul Molitor）、馬丁尼茲（Edgar Martinez），到近期的湯瑪斯（Frank Thomas）、托米（Jim Thome）、索沙（Sammy Sosa）、吉昂比（Jason Giambi）等人，若無DH制，其生涯可能提前告終、更別提所累積的偉大紀錄。

現在年輕一輩也有些人專打DH，幾乎宣布整個生涯都得靠此吃飯：如印地安人的哈夫納（Travis Hafner）、歐提茲（David Ortiz）等。日後會否有年輕球員只專注打擊而忽略守備、亦或是防守資質本就有限的情況下乾脆尋求DH這一途，目前沒有定案，但是個可以長期觀察的重點。

CHAPTER 4 2 明星賽 (All-Star Game)

最初構想

　　大聯盟每年賽季中的明星賽被視為年度的大事，從票選明星球員活動開始到比賽進行，每每吸引眾多球迷的目光。那麼究竟年度大賽「明星賽」是怎麼開始的？

　　這得從1933年在芝加哥舉行的世界博覽會說起，當時芝加哥論壇報（Tribune）運動編輯沃德（Arch Ward）為了炒熱整個博覽會活動，所以提議由國家聯盟及美國聯盟明星球員組成的對抗賽，他認為如果能辦比賽的話，將會吸引很多人注意，絕對有辦的價值。

　　但沃德這個構想卻沒有獲得球團老闆的認同，理由是不想在球季當中中斷兩三天就為了這一場比賽，但沃德並不放棄，他積極爭取大聯盟主席蘭迪（Kenesaw Mountain Landis）和國家聯盟主席海德勒（John Heydler）及美國聯盟主席哈瑞吉（Will Harridge）的支持。

第一次的明星賽

　　而沃德這個讓兩大聯盟球星進行比賽的點子，很快得到高層人士的同意，所以比賽得以順利進行。而這史上第一次舉行的明星賽，所有兩邊各十八位參賽的球員並非由球迷票選，而是由費城運動家隊的老闆及前巨人隊的總教練麥格羅挑選。而在這三十六位入選的球星當中，共有十四位最後進入了棒球名人堂。其中最有名氣的當屬貝比魯斯，他在這場於1933年7月6日於科明斯基球場進行的比賽，第三局轟出兩分打點全壘打，終場美國聯盟明星隊就以四比二擊敗了國家聯盟明星隊。

　　不過有趣的是，本來只想因為世界博覽會而辦的這場兩聯盟球星對抗賽，沒想到因為球員們的高水準演出，而引起球迷廣大的迴響，不但當天球場擠進了四萬七千名球迷，為退休球員基金募得五萬一千美元，並且間接促成了往後每年一

度的明星賽。

1934年明星賽第二次舉辦時，球迷還是無權決定哪位明星球員可以入選，其中一個原因是，當時兩個聯盟內有很多的總教練是兼球員的，所以就發生了國聯總教練泰利（Billy Terry）指定自己擔任明星賽先發一壘手，而美聯總教練克羅尼（Joe Cronin）擔任游擊手的怪事。

票選方式的演變

一直到了1947年球迷終於有機會選擇他們所喜愛的球員進明星賽了，並且由傳播協會將票選結果製表，這樣的過程到1957年卻發生了問題，因為辛辛那提紅人隊的球迷在那一年的票選發起動員，結果竟然有七位紅人隊的球員入選那一年的明星賽，這使得大聯盟主席不得不出面，並決定貝爾（Gus Bell）、波特（Wally Post）、梅斯（Willie Mays）、漢克阿倫

（Hank Aaron）等球星加入國家聯盟名單中。並且停止了單純由球迷票選的遴選過程。

隔年明星賽的選拔方式改由球員、經理、總教練互相投票推舉的制度，為了避免同隊隊友自家人互選的缺點，還成立了一個專責機構來公平篩選明星賽的參賽隊員。這樣的制度一直到了1970年，大聯盟主席庫恩（Bowie Kuhn）決定再一次把選明星球員的資格交回給球迷，但也進一步引發爭議。

爭議最大焦點在於，大聯盟以電腦系統將可以成為明星賽的球員列入候選名單中，但當年亞特蘭大的外野手，在前一年還打出三成四二打擊率的卡提（Rico Carty）竟沒有被列在名單中，後來雖採取補救的措施讓他進入名單中，但也彌補不了各方批判的聲浪。

由球迷票選明星賽選手，最被詬病的是，球迷往往將選票集中在聲望或人緣特好的選手身上，而不

見得是球技最好的選手，因此常見情緒化的選擇，而真正有實力的球員卻無法在明星賽中登場。

目前的明星賽球員產生方式

所以為了避免這樣的缺失，及修正過去的錯誤，目前大聯盟明星賽的選拔，已經儘可能地兼顧人氣、球技及尊重球迷的考量。

目前大聯盟明星賽球員產生的方式大略為：首先由觀眾從聯盟提供的選票或網路票選中，產生兩聯盟票數最高的各個位置的野手。而投手及其他替補野手則由各隊教練選出，但每一隊至少要有一位球員入選。最後還有一個是各隊教練和大聯盟推薦兩聯盟各五位球員，提供給球迷來票選，得到最高票者一樣能進入明星賽中。而明星賽總教練則由前一年世界大賽兩支隊伍的總教練擔任。

決定世界大賽主場優勢

由於2002年明星賽在進行十一局之後雙方七比七平手，卻以選手不足為由不再進行比賽，而引起球迷的批判，至此之後，每年大聯盟明星賽不但必須打出個勝負，並且贏得明星賽的聯盟，還在該年世界大賽享有主場的優勢，藉此來鼓勵兩邊的明星球員，除了原有的秀味外，也增加他們努力比賽的動力。

小常識

參加過最多明星賽的球員？

24場：漢克阿倫（Hank Aaron、72打席）、史坦穆修（Stan Musial、72打席）、威利梅斯（Willie Mays、82打席）

明星週除了明星賽之外還有哪些特殊活動？

美國職棒明星賽自從1933年舉辦開始，原本只有國聯明星隊與美聯明星隊的較量，不過在1985年起的20餘年間開始不斷的推陳出新。

1985年大聯盟推出全壘打大賽，1999年首屆未來之星明星賽（All－Star Futures Game）也出籠，2001年由知名速食業者Taco Bell所贊助的退休球星與名人慢壘賽（Taco Bell All－Star Legends and Celebrity Softball Game）也首度開打。至於這三個比賽的先後順序為慢壘賽、未來之星明星賽、全壘打大賽。

全壘打大賽

大聯盟明星賽於1985年開始舉辦全壘打大賽，目前都是被安排在全明星賽的前1天，2聯盟各有4位球員參加。比賽規則與以往相同，每輪每位球員都有10個出局數，首輪成績最好的4人進入第2輪，第2輪打完與第1輪成績加總最好的前2名進入決賽，進入決賽的球員前2輪成績歸零，決賽中擊出最多全壘打的人成為冠軍。

參賽球員部分，從2011年起改為隊長推薦制，由當年被選為2聯盟隊長的球員自由挑選球員。

CHAPTER 4
3 世界大賽（World Series）

早期的兩聯盟對抗賽

「世界大賽」是由美國職棒兩個聯盟冠軍隊所進行的七戰四勝制比賽。其實大聯盟季後賽制度起源甚早，早在1882年，當時的美國協會和成立僅六年的國家聯盟開始了雙方的對抗，但整個比賽並未制度化，例如從1882年到1883年兩個聯盟只對打了兩場比賽。到了1884年國聯的隊伍在五戰三勝制中橫掃了美協的冠軍隊。

馬拉松式的比賽

到了1887年「世界大賽」一詞首次出現被冠在比賽中，由國聯的「底特律」挑戰美協的「聖路易」，不過這一次比賽雙方一打就是十五場，也就是誰先贏得第八場比賽誰就是冠軍。

不僅是比賽馬拉松式進行，地點也遍及各地，先從聖路易開始，然後底特律，接著沒有回到聖路易而是到了匹茲堡，然後是紐約、費城、波士頓、再回費城接著轉到華盛頓、巴爾的摩、布魯克林、底特律、芝加哥，最後終於回到聖路易打僅剩的兩場比賽。

但這次要人命的漫長季後賽並沒有如預期吸引人，在扣掉支出後兩隊平分結果僅得到一萬兩千美金，加上隔年雖然「縮短」了比賽，以十戰六勝決定確勝出，卻依然乏人問津，最後兩場比賽竟只有411及212的收入，自此之後，馬拉松式的季後賽就不再有人提議辦了。

七戰四勝制出現

七戰四勝制首次出現於1894年，當時曾任匹茲堡海盜隊總裁的坦波（William Chase Temple）主辦一場名為坦波杯（Temple Cup）的比賽，由國家聯盟的前二名隊伍角逐，以先得第四勝者取得最後冠軍，與現在我們所看到的世界大賽採用的是同一賽制。

第一次的世界大賽

　　不過第一次真正的「世界大賽」並不是七戰四勝而是九戰五勝，在1903年時舉辦，比賽結果由波士頓紅襪隊以五勝三敗擊退了匹茲堡海盜隊。如果以門票收入的角度來看，第一次的世界大賽顯然是很成功的，因為它吸引了十萬名球迷進場看球，而且以貴於平日一倍的價格（一般席50分，保留席1美元）。

世界大賽制度確立

　　但可惜的是隔年世界大賽停辦了，原因是國家聯盟冠軍隊紐約巨人隊經理不願意承認美國聯盟的實力是大聯盟級的，所以不願意迎戰，比賽因此停擺。但到了1905年世界大賽才又重新開始，並且由主導球賽的國家委員會（National Commission）三人小組主辦。門票收入則由球員、老闆及委員會均分。

　　而除了1903及1919到1921年時打九場比賽之外，其餘的世界大賽都採七戰四勝制。到2007年為止，世界大賽總共舉辦了103屆（1903年至2007年），除了1904年因國聯冠軍拒絕對戰外，1994年則是因大聯盟大罷工停辦。

世界大賽（World Series）優勝次數			
隊伍	聯盟	次數	年份
紐約洋基	AL	27	1923, 1927, 1928, 1932, 1936, 1937, 1938, 1939, 1941, 1943, 1947, 1949, 1950, 1951, 1952, 1953, 1956, 1958, 1961, 1962, 1977, 1978, 1996, 1998, 1999, 2000, 2009
聖路易紅雀	NL	11	1926, 1931, 1934, 1942, 1944, 1946, 1964, 1967, 1982, 2006, 2011
奧克蘭運動家	AL	9	1910, 1911, 1913, 1929, 1930, 1972, 1973, 1974, 1989
波士頓紅襪	AL	9	1903, 1912, 1915, 1916, 1918, 2004, 2007、2013、2018
舊金山巨人	NL	8	1905, 1921, 1922, 1933, 1954, 2010, 2012、2014
洛杉磯道奇	NL	6	1955, 1959, 1963, 1965, 1981, 1988
匹茲堡海盜	NL	5	1909, 1925, 1960, 1971, 1979
辛辛那提紅人	NL	5	1919, 1940, 1975, 1976, 1990
底特律老虎	AL	4	1935, 1945, 1968, 1984
芝加哥白襪	AL	3	1906, 1917, 2005
亞特蘭大勇士	NL	3	1914, 1957, 1995
明尼蘇達雙城	AL	3	1924, 1987, 1991
巴爾的摩金鶯	AL	3	1966, 1970, 1983
芝加哥小熊	NL	3	1907, 1908、2016
克利夫蘭印地安人	AL	2	1920, 1948
紐約大都會	NL	2	1969, 1986
費城費城人	NL	2	1980, 2008
多倫多藍鳥	AL	2	1992, 1993
邁阿密馬林魚	NL	2	1997, 2003
堪薩斯城皇家	AL	2	1985、2015
亞利桑那響尾蛇	NL	1	2001
洛杉磯天使	NL	1	2002
休士頓太空人	AL	1	2017

季後賽賽程演變

美國職棒的季後賽賽程演變其實與球隊的數量有絕對關係，早期的美國職棒由於美聯與國聯各只有8隊，因此例行賽戰績最佳球隊就取得聯盟冠軍頭銜而進行世界大賽，也就是當時的季後賽只有一輪制。

雖然1961、1962年間美聯與國聯擴編，但還是維持之前的季後賽賽制。直到1969年因為兩聯盟球隊各達12支，在數量過大的情況下終於分成二個分區，而例行賽的分區冠軍就先進行聯盟冠軍賽，勝者再打世界大賽，至此季後賽賽制增加到二輪制。

1995年大聯盟再將各聯盟球隊分成三個分區，至此三輪制正式形成，每個分區冠軍加上一支外卡球隊共進行二組首輪的分區季後賽，勝者打聯盟冠軍賽，最後才進行世界大賽。值得注意的是，只有首輪分區季後賽是五戰三勝制，之後二輪都是七戰四勝制。

外卡制度

外卡制度的產生如上所述，源自於1995年兩聯盟各分成三個分區後，為了調節季後賽賽制的平衡對戰所衍生出的一個季後賽名額。

外卡的資格就是除三個分區冠軍外，例行賽勝率最高的球隊。而外卡也正因為「身分低微」，所以季後賽無論闖進哪一輪賽事，任何主場優勢都不存在。另外一個必須知道的是，某一區的分區冠軍不能與同區產生的外卡球隊進行首輪較量，而是與另外二個分區冠軍中戰績較差的球隊對戰，如此類推。

由於2002年明星賽出現平手結局而引發爭議，大聯盟隨即宣布往後明星賽將採取勝方所屬聯盟取得當年世界大賽冠軍主場優勢，也就是說，若外卡球隊打進世界冠軍，只要該年所屬聯盟贏得明星賽，該隊就擁有主場優勢。而自1997年起美聯在明星賽就從未敗過，因此2004年紅襪與2006年老虎這兩支外卡享受到世界大賽主場優勢，只不過兩隊均未使用到：紅襪四戰就將紅雀橫掃出局，老虎則是五戰就輸給紅雀。

總計外卡制實施後，共有八支外卡球隊闖進世界大賽，更有四支球隊奪下冠軍，分別是1997年馬林魚、2002年天使、2003年馬林魚、2004年紅襪。其中2002年起連續6年外卡都相當爭氣拿下聯盟冠軍，成為大聯盟罕見奇觀。

2012年起大聯盟修改季後賽制度，也就是兩聯盟各增加一支外卡，因此兩支外卡球隊先舉行一場外卡戰，勝場再與該聯盟戰績最佳球隊打分區季後賽，無論外卡戰勝者是否與該聯盟戰績最佳者同分區。

4 春訓 (Spring Training)

球季開始之前

大聯盟的正式球季開始之前，會安排一個月左右的熱身賽，以球隊熱身基地為分區進行對抗，稱為春訓。

雖然每年開季前大聯盟有多數的球隊在佛羅里達及亞利桑那進行春訓。但在1980年以前，這兩地根本是乏人問津的所在。事實上，早年的球隊根本沒有想過其他地區做訓練的意思，大都是在自己主場練習而已，直到1884年波士頓食豆人隊轉到紐奧良去訓練，並且以該地成為巡迴賽的第一站之後，才有很多球隊學著他們也到了紐奧良去集訓。

早期春訓的環境

早年球員到外地訓練和我們如今想像的春訓有所不同。百年前的球隊到外地比賽、練習，由於好一點的飯店都不願意球員進住，怕弄髒了他們的旅館，所以他們經常住在那種三流的旅店，甚至1903年時，費城運動家隊在傑克森威爾（Jacksonville）進行訓練期間，是睡在訓練營內的帆布床上，吃飯則是在一家名為「wolfe's」的小餐館內解決他們的三餐。

永久訓練基地

1908年的巨人隊是第一支設立永久訓練基地的隊伍，地點位於馬林泉市（Marlin Springs），該市政府不但給予巨人隊年度的稅率優惠，還提供了球隊所需要的專用球場。不久小熊隊在洛杉磯也找到他們的專用訓練地。此後，慢慢地

球隊開始有了自己春訓練習場的想法，但地點的選擇卻大異其趣，有些甚至到墨西哥、巴拿馬或哈瓦那，還有些地點選擇根本沒什麼道理，例如底特律老虎隊選在奧古斯特（Augusta），原因則只是那是總教練柯布（Ty Cobb）的家鄉。

超人氣的春訓地點

1927年當勇士隊跟隨著洋基隊的腳步，從紐奧良移動到佛羅里達之後，更多的球隊也把他們春訓地的選擇集中在此處或其他南方區域。七十幾年後的今天，隨著道奇搬到亞利桑那春訓，該地已經有十三支隊伍在那裡訓練，而佛羅里達則有十七支隊伍。

MLB春訓演進表

1884年	第一支移地春訓的隊伍－波士頓食豆人隊
1908年	第一支成立永久訓練基地的隊伍－巨人隊
1927年	美國南方區域成為春訓熱門地點
現在	17支隊伍在佛羅里達、13支隊伍在亞利桑那進行春訓

Ｍ Ｌ Ｂ 專 欄

德州安打（Texas League single）

美國職棒小聯盟中有個德州聯盟（Texas League），該聯盟總共有八支球隊，而此聯盟有個共同特色就是每一支球隊的球場外野都非常空曠。另外，常有不定向的怪風，這兩個因素之下造成了該聯盟在比賽當中常形成這種內外野間的安打球。

1896年有位德州聯盟的選手皮克林（Ollie Pickering），就曾有連七個打席都擊出這種三不管地帶的安打。

還有一種說法是1889年一位名為珊戴（Art Sunday）的球員，他從德州聯盟轉隊到國際聯盟的托利多隊（Toledo）才沒有多久的時間便打了一堆這種內外野間的安打，因為他是從德州聯盟來的，所以就有人稱他打的是「德州安打」。

在1933年「Baseball Scrapbook」一書就正式將這種對內野手、外野手都太遠的安打球命名為「Texas League single」，我們稱之為「德州安打」。

菜鳥（Rookie）

菜鳥這個名詞想必很多球迷耳熟能詳，專指剛進球隊的新人，甚至還有所謂的新人聯盟，這個在大聯盟常見的名詞，後來甚至被其他行業用來當作專指剛入行者的代名詞。

那麼為什麼以菜鳥來指新人呢？這個字最早是出現在1913年的芝加哥記錄通報（Chicago Record Herald）中，會用這個字是由西洋棋所延伸而來的，因為在西洋棋中「城堡（rook）」通常都是最後才被用上的，大部份的時間它都只是在旁邊等著而已，這就像極了剛進球隊或剛上大聯盟的球員，因為他們通常一開始都沒什麼表現的機會，好比是「城堡」一般。

CHAPTER 4

5 七局伸懶腰 (Seventh-inning stretch)

大聯盟獨一無二的球場活動

　　和其他國家職棒相較，到大聯盟比賽現場觀看比賽時，當球賽進行到七局上半結束時，就會有所謂的七局伸懶腰的活動，這個時間一到，在沒有任何人發號司令之下，觀眾都會主動站起來伸伸懶腰，然後齊聲高唱「Take Me Out to the Ball Game」這首歌。

總統的無心之舉

　　那麼七局伸懶腰到底是怎麼來的呢？最多人提到的一個講法是和美國總統有關，1910年美國總統塔夫脫（William Howard Taft）親自到球場去看當年美國大聯盟的開幕戰，當進行到第七局時，塔夫脫起身想要活動筋骨，結果球迷誤以為總統要離開了，於是所有的觀眾都站起來以示對國家元首的尊敬，沒想到總統這個無意間的舉動，自此之後成為球迷不成文的球場活動。

不舒服的木板凳

　　塔夫脫的陰錯陽差是最普遍的說法，但此一說也遭受到挑戰，因為早期的明星球員萊特（Harry Wright）曾在給朋友的信中提到，球迷會在第七局時站起來活動活動，因為對觀眾而言，十九世紀老球場內的看台座位，那種堅硬的木板凳，坐起來實在是太不舒服了。

不論那一種說法為真，七局伸懶腰絕對是美國大聯盟比賽最獨一無二的球場活動吧！所以下回有機會到大聯盟看球賽可別忘了，到了第七局起來活動筋骨唱唱歌喔！

Take Me Out to the Ball Game

Take me out the ball game,

Take me out with the crowd.

Buy me some peanuts and Cracker Jack,

I don't care if I never get back.

Let root, root, root for the home team,

If they don't win it's a shame.

For it's one, two, three strikes, you're out,

At the old ball game.

帶我到球場中

帶我到人群中

為我買些花生與餅乾

我將流連往返於其中

所以讓我們為主隊加油、加油、加油

如果落敗將是一大恥辱

給他們一、二、三個好球讓他出局

在這場傳統的比賽中

小常識

1910年大聯盟開幕戰

　　1910年當時美聯與國聯各有8支球隊，由於僅比賽154場，所以開幕戰4月14日的時間比現今要晚一點。那場比賽是由華盛頓參議員對上費城運動家，結果參議員以3比0完封勝，不過當年的美聯冠軍是運動家，與國聯冠軍小熊進行世界大賽，最終運動家4勝1敗奪冠。

萊特

　　萊特（Harry Wright）在英國出生，小時候搬到美國居住，他是大聯盟草創時期的重要人物，雖然球員生涯僅6年，但執教時間卻長達22年，更重要的是他在球員時期就兼任總教練。最後他即以總教練身份進入名人堂。19世紀美國職棒的一大特色，就是若沒獲得對手同意不能更換球員，萊特的貢獻，是引進替補球員的觀念，無論是根據守備或攻擊的策略。

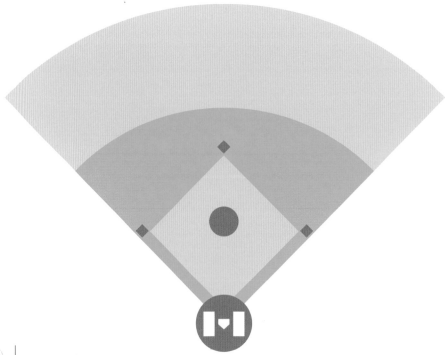

MLB

CHAPTER 5

제도

1 MLB的各種名單

40人名單

40人名單（40-Man Roster）：也稱為擴編名單（Expanded Roster）。由於此名單的上限是40人，因此稱為40人名單。要在大聯盟出賽，首要條件得進入40人名單，但真正能上大聯盟的只有25人，所以有些人待在傷兵名單，有些則在小聯盟等待機會。

25人名單

25人名單（25-Man Roster）：也稱為正式名單（Active Roster）。在此名單內的球員可實際參與大聯盟比賽，稱為大聯盟正式名單也不為過。從每年球季開始直到8月31日，名單都維持在25人；從9月1日到球季結束，名單擴編為40人，符合上述40人名單稱為擴編名單的原意。至於正式名單的下限至少要有24人，若低於這個數字，根據大聯盟規定，球隊必須在48小時內補齊人數。至

於球季結束後並沒有所謂的25人名單，只有40人名單。

最初的編制名單

大聯盟最初設立正式名單的人數不一，19世紀末到1905年，各球團的正式名單大致維持在十幾人，這與各隊比賽場次不多，經濟考量下無需用到太多球員有關。1906年起才維持在20人以上；1945與1946年曾擴展到30人、季後48人的規模，此乃因應二次世界大戰後球員離開軍營回歸球場的情況。隨後逐漸下修，直到1968年正式確立25人與季後40人的編制。

季後賽名單

季後賽名單與40人名單沒有直接關聯，也就是不在40人名單的球員、例如小聯盟各層級的球員都有資格打季後賽，不過唯一前提是該球員必須在8月31日前就是該球隊一員，且例行賽要有至少1場的出

賽數，此限制乃避免球隊進行炒短
線的動作。

指定升降狀態
（Optional Assignment）

　　25人名單是包含在40人名單之
中，而剩下的15人包括15天傷兵名
單、禁賽名單（Suspended List）
以及處在指定升降狀態的球員。

　　指定升降狀態是指有升降權
（option）的球員，球團就可隨時
將其升降於大小聯盟。每個小聯盟
球員在職業生涯首次被加進40人名
單後，就自動擁有三個升降年度
（optional year），每個升降年
度球隊可隨時作出升降大聯盟的動
作，且都算使用一個升降權；若球
員被降到小聯盟的時間超過20天，
或是春訓時列在40人名單、但開季
前被降到小聯盟，則都算使用該年
度的升降權。

　　使用過三個年度的升降權後
代表球員處在「out of option」

的狀態，此時球員若不能待在大聯
盟，就得經由waiver程序才能下放
至小聯盟，期間若有其他球隊有興
趣就可以claim的方式吸收。

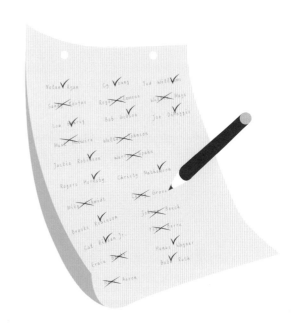

M L B 專 欄

第4個升降年度

正常情況下球員只有三個option，不過若大小聯盟的職業年資(定義為單季至少90天列在各層級的正式名單，或在正式名單至少60天、加上至少30天傷兵名單合計90天)不到五年，則可獲得「第4個升降年度(fourth option year)」，這主要與多次進入傷兵名單有關。最為人知的例子是郭泓志，2006年時已用完3個升降權的他職業年資未滿5年，因此2007年就有第4個升降年度，但也代表2008年他必須留在25人名單，否則球隊就必須做出waiver的動作。

60天、15天傷兵名單（Disable List）

大聯盟球團的傷兵名單主要分成60天與15天傷兵名單。簡單來說，這代表球員必須得在這兩種名單待滿足夠的天數才能離開，不過並沒有規定上限天數，因此常可見到有些15天傷兵名單的球員一待就是一兩個月，60天名單的球員更常見至少待半年甚至整個球季。

有時候大聯盟球團為了操作球員提早歸隊，而更改進入傷兵名單的時間，不過這只能回溯最多10天，也就是球員至少得待5天才能離開15天傷兵名單、至少50天才能離開60天傷兵名單。

兩個傷兵名單的差異點

15天與60天傷兵名單的另外一個差異點在於，15天傷兵名單不佔用25人名單、卻仍佔用一個40人名單名額，60天名單則不佔用40人名單。至於15天傷兵名單的球員可隨時轉換到60天傷兵名單，時間從進入15天傷兵名單開始計算；不過60天卻不能移到15天傷兵名單。

球季結束後，大聯盟球隊得在11月20日前提交40人名單，由於不能有傷兵名單，因此可見此40人名單中有受傷的球員，球團到球季開打時會再進行傷兵名單的調度。

名單的操作與調度

這樣的規定對大聯盟球團的最大好處就是充分利用兩種傷兵名單與25人、40人名單的相互關係進行球員調度。舉例來說，如果25人名單的球員A受傷進入15天傷兵名單，則可從40人名單填補球員B，直到A傷癒歸隊再將B送回小聯盟；若25人名單的球員列入60天傷兵名單，則球團一次多出兩個空缺：先從40人名單填補一球員進入25人名單，再從小聯盟填補一位非40人名單球員進入40人名單。因此有時常見球團有好幾個60天名單球員，為的是操作更多球員進入大聯盟。

待在傷兵名單的大聯盟球員不能下放到小聯盟，不過球員傷癒後可到小聯盟進行幾場復健比賽，時間限制為：投手30天，野手20天。

其他的大聯盟名單

喪病名單（Bereavement List）

球員親屬出現意外、生病、死亡等事件時必須請假，球隊可將其列入該名單，此時球員不在25人名單但在40人名單裡，球團操作方式類似傷兵名單，可填補其他人進入大聯盟。時間限制是球員比賽場次而非天數，範圍規定在三到七場。

失格名單（Disqualified List）

若球員不履行或違反合約規定，球隊可將其放進此名單。此時球員不算40人名單球員，更重要的是球員不計算大聯盟年資，嚴重者最多可停權二年。

失權名單（Ineligible List）

若球員行為不檢，涉嫌賭博、放水、對裁判施暴或觸犯其他法律，球隊可將其放入此名單。同樣不計算大聯盟年資、不列入40人名單，嚴重者停權二年。

禁賽名單（Suspended List）

球員不遵守球隊或聯盟規定、或不能以健康狀態參與比賽時，球隊可將其放入此名單。此時球員仍須列入球隊25人名單。球員的禁賽處分多屬這類例子。

限制名單（Restricted List）

球員在球季開始前10天內沒有向球隊報到，或是無法履行合約義務時，球隊可將其放入該名單。此時球員不列入40人名單，最長可以放二年。正常情況下，球隊視此名單球員為可放棄或準備放棄的留校查看狀態。

自動退休名單（Voluntarily Retired List）

若球員在合約未到期前宣布退休，球隊可將其放進此名單。此時該球員不列入40人名單，且未經原球隊同意不得加盟其他球隊，最長可放兩個球季。若球員願意復出，至少得在球季開打後60天才能出賽。

軍旅名單（Military List）

球員被徵召從軍歸期不明時，球隊可將其放進該名單。此時球員不列入40人名單。一旦球員離開軍隊，球隊得立即通知大聯盟當局。

暫時中止名單（Temporarily inactive list）

若球員因為親友生病、個人因素、或等待球隊釋出以加盟外國球隊因而無法履行合約義務時，可將其列入該名單。時間最低規定為三天，期間球員列入40人名單但不歸在25人名單。

緊急傷兵名單（Emergency Disabled list）

緊急情況下列入此名單的球員數量沒有上限，時間下限為60天，若8月1日進入此名單的球員得待到球季結束。

指派名單（Designated List）

當球員處在指定轉讓（DFA、Designated For Assignment）狀態時就是在此名單內，球隊會在規定的十個工作天後決定將其釋出或下放到小聯盟。此時球員不在40人名單內。

2 球員的異動、交易、讓渡

球員的異動
升上大聯盟（call up）、買斷合約
（purchase contract）

我們常可見到所謂下放小聯盟、升上大聯盟來描述這一類的球員異動，不過若要細分，這其實包含了兩種不同的概念，這兩種不同概念的差別就在於球員是不是在40人名單中。

升上大聯盟必須先說明什麼是「升上大聯盟（call up）」、「買斷合約（purchase contract）」。當球員在40人名單中而不在25人名單時，只要執行升上大聯盟的動作就可令該球員升上大聯盟。如果球員不在大聯盟40人名單，代表當時是小聯盟合約狀態，此時就得用買斷合約買下球員合約以進入準大聯盟身分的40人名單。至於常見的recall與call up則都是進入大聯盟名單的意思。

升降權（option）、移出40人名單
（outright）

「升降權（option）」跟「移出40人名單（outright）」的意思都與下放小聯盟的動作有關，其差別在於option到小聯盟但還是在40人名單中，不用經過waiver，除非option次數已經用完。值得一提的是，40人名單球員若未能進入開季25人名單而從小聯盟出發，一樣算用到option。

移出40人名單到小聯盟則代表也從40人名單中移除。因此，有沒有升降權通常可作為區別球員下放小聯盟時的身分與操作的名稱；而沒有升降權可用時就得經過讓渡然後被移出40人名單到小聯盟。值得注意的是，由於40人名單名額有限，有時候在球團戰力考量下，即便還有升降權的球員也會被移除在40人名單之外。

其他有關移出40人名單的規定。首先，球員在生涯首次被移出

40人名單到小聯盟時無權拒絕,但第二次起就有自主權,可選擇接受、或是拒絕而成為自由球員。其次,當球員擁有三年大聯盟年資時,無論之前是否曾有移出40人名單到小聯盟的經驗,球員都可拒絕球隊的這個動作而成為自由球員。最後,當球員擁有五年以上大聯盟年資時(也就是所謂的資深球員 Veteran Player),在拒絕此動作時可留在球隊而不必進入自由市場。因此,三年年資與五年年資的差異在於,前者拒絕時必須得成為自由球員,後者則可行使自由意志,就算留在球隊誰也不能動他。(大聯盟年資規定見P124)

以上三種年資型態,在球員選擇接受時,皆可在例行賽結束後的二週內宣布成為自由球員,而球團也可拉人回來,前二種的前提是需將其放入40人名單內,五年年資的球員則必須放在大聯盟名單。

無條件釋出（unconditional release）

無條件釋出(unconditional release)是另外一種球員被移出40人名單的方式,只不過當球團作出這樣的動作,代表球團放棄對該名球員的所有權利,不像其他方式都還在小聯盟的管轄範圍。與outright不同的是,無條件釋出

五年年資

三年年資

是在讓渡時立即移出40人名單，outright要等到球員通過讓渡才算。

交易（trade）
未制度化前的交易

球員交易如今在美國大聯盟已經制度化，甚且成為每年球隊戰力強弱及新聞話題的重要因素，然而在過往年代球員交易尚未制度化前，所謂的交易並非單純的「以人易人」，還可能包括其他。

例如著名的大投手賽揚，他是史上最多勝的投手（511勝），可

是當他初出茅廬時，是被俄亥俄州的堪頓隊（Canton）以一套衣服的代價交易到克里夫蘭。

全壘打王貝比魯斯，被交易到洋基隊之前是波士頓紅襪隊投手兼外野手，他是以十萬美元外加三十五萬美元的貸款（抵押品是波士頓芬威球場），被紅襪隊老闆費瑞茲賣到洋基隊。

而另一偉大的投手葛洛佛（Lefty Grove）能進入大聯盟是因為巴爾的摩金鶯隊的老闆唐恩（Jack Dunn）注意到在馬丁斯堡（Martinsburg）當投手的他極具天份，而唐恩發現該隊正缺興建外野圍牆的經費，所以他立刻以那筆蓋圍牆的費用來換得葛洛佛，而且不但讓他因此上了大聯盟，還成為金鶯隊的明星球員，而且最終還進入了名人堂。

最怪的是1931年瞭望者隊（Lookouts）的老闆在那年的球季中突然想吃個火雞餐，但卻缺了主

角——火雞肉,他就找上查洛特NC隊(Charlotte N.C.)老闆海門(Felix Hayman)聯絡,因為海門擁有一家肉品店,結果瞭望者隊的老闆就將隊中的游擊手瓊斯(Johnny Jones)換到查洛特NC隊,而他則得到他要的火雞肉。

不過目前交易早不見往年那種荒謬事,而且已經完全制度化,還有幾個跟球員交易的名詞在這邊也一併介紹。

日後指定球員

(Player To Be Named Later、PTBNL)

偶爾我們會在交易中看到所謂的「日後指定球員(player to be named later)」。在介紹成因之前,先看一下「日後指定球員」的一些限制。

日後指定球員(PTBNL)首先必須要在半年內完成全部的交易動作。其次,日後指定的球員不得在新球隊所屬聯盟打過球。因此針對第二點,常見的操作是找小聯盟球員。至於交易會出現PTBNL的原因,有可能是:

第一,在傷兵名單的球員:由於在傷兵名單的球員不能被交易,因此球隊間可對此達成協議,等到球員離開傷兵名單時完成整個交易案。

第二,球隊尚未決定對象:有時候在交易期限的限制下,球隊沒時間細找小聯盟球員,只能先取幾人作為緩兵之計,以待日後做決定。

第三,等待球員符合規定:根據大聯盟規定,球員首次簽下職業合約須滿一年才能被交易,因此若有球團相中這類球員,可有半年時間等待其達到交易規定。

最後,也是與NBA最大的不同,那就是大聯盟的交易不能以未來的選秀權做為籌碼,無論是業餘選秀(見P.106)或規則五選秀(見P.118)。

讓渡（Waiver）

當球員被移出40人名單或被無條件釋出，或8月1日以後的交易，球員異動都需要經過讓渡這個動作。

讓渡的運作模式

至於讓渡的運作模式，則是每個球團每天可將七位球員放進讓渡名單（Waiver List）上，全部球團的讓渡名單會傳到每一隊的總經理手上，此名單有每個球員的基本資料，以及其在讓渡的時間、當然也會註明是否有其他球隊提出請求。經過三個工作天後，若某球員乏人問津，則通過讓渡，也就是所謂的「clear waiver」，接著原球隊就可做出下放、交易、釋出的動作。

讓渡名單上有幾人、有哪些人，除大聯盟、球團人員外少有人知，因此通常只有在球團對球員作出異動的時候外界才會知曉。

若有二支以上球隊皆請求同一名球員時，得視球隊的得標順序而定。其規定是：

1. 與原球隊屬同聯盟的優先。
2. 若皆為同聯盟則以戰績較差的為先。至於戰績的優劣，若發生在例行賽則以當天為主，若發生在非球季期間則以上個年度的戰績為主。

看到這裡，得介紹一下讓渡的可逆性與不可逆性，基本上讓渡還有分原球隊可撤回與不可撤兩種，此乃根據不同情況所做的對應策略。

讓渡的特性

1. 移出40人名單讓渡
（Outright Waivers）：

簡單來說就是專屬於移出40人名單的一種方式。根據新版勞資集體協議，此讓渡從每個球季開始後第31天直到8月31日，延伸到整個年度。如果球員在讓渡上被其他

球隊索取，得標球隊將獲得這個球員，同時給原球隊兩萬美金作為轉隊費用，至於新球隊則得支付該球員合約中剩餘的薪水。此屬於不可撤的讓渡。

2. 無條件釋出讓渡
（Unconditional Release Waivers）：

此與無條件釋出有絕對關係。此種讓渡也是全年度性質。球員一旦被列入這張名單就脫離原球隊的束縛，請求得到的球隊給予原球隊1元美金作為轉隊費，但球員可拒絕請求而成為自由球員。此屬於不可撤的讓渡。

3. Optional Waivers：

這是與升降權有關的讓渡型態。將擁有升降權的大聯盟球員移出40人名單的異動之一，但球員必須距離首次進入大聯盟25人名單後有三個完整年度（非年資），由於此時球員還在球隊的管轄中，因此正常情況都會通過讓渡。此屬於可

小常識

731大限

731交易大限（non-waiver trading deadline）：在例行賽直到7月31日的午夜12點前，各球隊可以隨意作出交易，只要經過大聯盟的同意，任何人理論上都是可能被交易的對象。

831大限

831交易大限（waiver trading deadline）：從8月1日開始到球季結束為止的時間內，大聯盟規定球員交易必須先通過讓渡。8月31日前交易獲得的球員，如球隊打進季後賽，可將其放進季後賽的登錄名單；9月1日才獲得的球員無權參加季後賽。

10-5條款

當球員達到十年大聯盟年資，且最後五年待在同支球隊時，球隊必須獲得該球員同意才能將其交易出去，此等於該球員擁有不得交易條款（No-Trade Clause）這張王牌。

撤回的讓渡。

4. Trade Assignment Waivers：

與831大限有關。8月1日起到球季結束前的交易都得通過waiver，流程比照一般的讓渡規定。比較不同的是，若有球員被請求，則原球隊可選擇將球員撤回，但僅限一次；或選擇接受，而從新球隊拿到二萬美元的轉隊費。如果球隊第二次、或撤回後30天內再度將球員放進讓渡，則不能再撤回，就算是擁有不得交易條款的球員（包括10-5球員）也不能免責，當然，無條件釋出的球員不在此限。屬於有限度可撤回的讓渡。

5. Major League Waivers（MLW）：

這個讓渡在每個球季的8月1日到球季結束那天使用。在這一段期間之內，所有的交易都要通過讓渡，這也是7月31日被稱為交易大限（non-waiver trading deadline）的原因，在這段期間外的交易是不需要通過讓渡的。而這也是唯一可撤回的讓渡，但是只能撤回一次，如果球員被其他球隊索取之後，原球隊可以將該球員拉下讓渡，當作沒事情發生過，但是當然不是真的沒事情發生過，曾經被索取之後撤回的球員，在30天之內不能再次放上讓渡，除了無條件釋出讓渡之外，同時，這個球員下一次放上讓渡的時候就不能再撤回。

介紹完讓渡的特性後，原球隊就可根據讓渡的性質作反應，如果是不可撤回的讓渡，反正球隊也都知道此時的狀態，就一切比照辦理；如果是可撤回的讓渡，就可視情況選擇接不接受。

小常識

　　新球隊請求來的球員之位置得視其在原球隊的位置而定,如之前在25人名單則要放在新球隊的25人名單,如之前在40人名單則得在新球隊的40人名單中。如果新球隊的25或40人名單已滿,則必須挪出位置給該球員,也就是對其他球員作出異動。

DFA(Designated For Assignment)

　　當一個球員被球隊DFA,表示該球員已不在球隊的40人名單中,期間球隊可尋找遞補人選,這是因為DFA需要十天時間,其中包括三天的讓渡時間,之後球隊可決定是否將該球員作交易、釋出、下放(outright)的動作,其中後二者還分成二種讓渡方式。

　　球隊若決定將球員下放到小聯盟,必須在DFA後做出移出40人名單讓渡(Outright Waivers)的動作,如有球隊對球員有興趣,可在原球隊放進讓渡名單前協商交易的可能性,如此一來可避免進入讓渡時被別的球隊搶先請求走。一旦被請求到的球員,新球隊得支付二萬美元轉隊費,還要吃下該球員該年度基本薪資的剩餘薪水。

　　若球隊決定將球員釋出,則將其放進無條件釋出讓渡名單,只要通過讓渡的時間,該球員就成為自由球員。

CHAPTER 5

3 球員加入大聯盟的方式－業餘選秀

　　來自世界各地的球員要加入美國職棒，可依其不同身分而有不同方式，主要分為業餘選秀（Rule 4 Draft）、國際球員（International Player）、入札制度（Posting System）。

業餘選秀的規定

　　業餘選秀是規定在大聯盟第四章，也叫做Rule 4 Draft。常見名稱則是新人選秀（First Year Player Draft、Amateur Draft）。根據大聯盟規則，參加業餘選秀的規定是：

1. 美國、加拿大與其他美屬領地（如波多黎各、關島）的人民。

2. 未簽過美國職棒大小聯盟合約的球員。

3. 高中畢業生、至少完成三年學業的四年制大學球員或已滿21歲、二年制與社區學院的球員。排名全美大學第三級學校的球員可在大三之前加入選秀。

業餘選秀的實施

　　業餘選秀始自1965年，之前的新人都是由球團自行找人簽約，唯一根據規則選秀的只有規則五選秀（請見P. 120）。早期由於球隊的私下競逐新人，使得簽約金持續飆高，1947年大聯盟實施簽約金（bonus rule）制度，規定當時簽約金達4000美金以上時，球團2年內不得將此球員下放到小聯盟，否則將成為自由球員。

　　聯盟希望藉此抑制歪風，但山不轉路轉，球團改以低簽約金、檯面下高價的方式挖角球員，使得簽約金制度名存實亡。大聯盟因此在1964年的冬季會議決定1965年實施業餘選秀，如此才算真正解決問題。

耗時的選秀會

　　1965年開始，業餘選秀都在每年球季中的六月舉行，每次的選秀陣容相當龐大，90年代更出現幾次

超過90輪的情況。1998年起規定每年只有50輪選秀。雖然與以往相比少了許多，但還是需要二到三天的時間。

選秀順位與簽約時間

　　參加業餘選秀的球隊，其順位根據前年度的例行賽戰績而定，此時不分聯盟，戰績最差的球隊擁有每輪的首個選秀權，在往下排到戰績最好的球隊。

　　根據新版勞資協議，業餘選秀挑中的球員必須得在7月中旬前與球隊簽約。

球員如果沒被選中？

　　若被挑選的球員未能如期與球隊簽約，該球員可回到學校就讀，也可在隔年繼續參加選秀，但未經過同意，前年度挑選該球員

的球隊不得再挑選此球員。若整個選秀過後未被挑選的球員將擁有自由球員身分，可在下個年度選秀之前的一星期前與任何球隊簽約，當然他也可回到學校繼續學業，直到他願意再參加選秀。

新人簽約設限制

新版勞資協議對於業餘選秀的最大變革就是設定簽約金上限，首先是各球隊只能與選秀球員簽小聯盟合約，唯一例外是當這位選秀球員也獲得其他運動的獎學金。

其次，就是大聯盟設立了各隊選秀前10輪的總和上限，各隊簽約金總額會因選秀順位不同、以及前10輪選秀球員總和的不同而不同，如果球隊超過所設定的上限則有以下處罰。

超過上限在5%以下將支付75%的稅，5%到10%除了75%的稅外還要損失隔年1個首輪選秀權，10%到15%者稅率100%，且損失隔年1個首

MLB的業餘選秀制度	
1947年	實施簽約金制度
1965年	業餘選秀開始，時間在六月中
1998年	將業餘選秀會限定為50輪
2007年	規定業餘選秀球員需得在8月15日前簽約

輪與1個第2輪選秀權，超過15%者除了100%的稅外還要損失未來2年的首輪選秀權。

此舉目的雖是為了防止大市場球隊砸大錢簽下好手，但同時也限制了想培植農場的球隊的企圖，至於效果如何還需要幾年觀察才能得知。

補償選秀權

說到業餘選秀，就不可避免會提到所謂補償選秀權，在此先簡單介紹，細節則在自由球員章節上作詳述。

補償選秀分為二種，最常見的是自由球員補償選秀，新版勞資協議已取消沿用多年的分級排名制

度，原球隊是否獲得補償選秀，得
視其是否向球員開出「合格報價」
（qualifying offer）」、球員是否
接受與日後是否被他隊簽走而定。
另一種是球隊未能簽下前年度選秀
第前二輪球員時可獲得比去年同樣
位置後一位的選秀權，如去年是首
輪六順位球員沒能簽下，今年可獲
首輪第七順位選秀權，但如果球隊
再無法與補償選秀的球員簽約，隔
年就沒有補償選秀。

CHAPTER 5

4 球員加入大聯盟的方式－國際球員與入札制度

國際球員的規定

　　美國、加拿大、日本以外的國家球員加盟大聯盟，其規定與規範都算在此類。基本上，這些國家的球員可自由與大聯盟球隊簽約。國際球員（International Player）最主要的簽約限制是：年紀必須滿16歲，且在9月或首個職業球季結束時滿17歲；而簽約的時間也規定在每年7月到8月底之前。

高投資報酬率

　　大聯盟目前的國際球員大宗主要來自於中南美洲，其中又以多明尼加、波多黎各、委內瑞拉較多，

大聯盟球隊往往針對這些球員採取一網打盡的策略，給予的簽約金都不高，只要在其中撈到幾位未來的明星球員，獲利將非常豐厚，因此對球團而言有頗高的投資報酬率。

簽證數量有限

　　除此之外大聯盟近年來也將觸角延伸至亞洲（如台灣、韓國）、歐洲（義大利、荷蘭）、大洋洲（如澳洲）等，除了開發新的球員資源外，多少為當地棒球水平提供不少助力。只不過美國當局所能發出的工作簽證有限，而在美國911事件之後規定更為嚴格，大聯盟雖

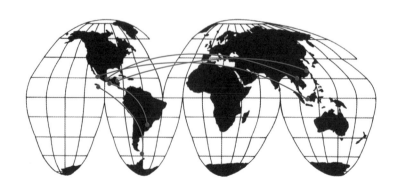

然沒有如同日本職棒或台灣職棒的外籍球員人數限制，但是過去每個球隊可以拿到的簽證數量是有限的，這個限制在911事件之後更為嚴格。

國際球員也設限

新版勞資協議除對業餘選秀設定簽約金上限，也在國際業餘選秀制度實施前，對國際球員有同樣的限制。

大聯盟首先規定每年2012年7月2日至隔年6月15日為國際球員的簽約期限，而以2012年為例，各隊簽約金上限為290萬美元，未來的金額將因不同的情況而有所調整。

如果球隊超過簽約金上限自然也要受罰，以2012年為例，如果超過額度在0-5%，只要付75%的稅；5%-10%除了75%的稅外，只能在2013-14年簽至多簽下1個超過50萬簽約金的球員；10%-15%時稅率為100%，且2013-14年不能簽下任

何超過50萬簽約金的球員；超過15%除100%稅率外，2013-14年不能簽下任何超過25萬美元簽約金的球員。至於未來罰則將根據情況而有所不同。

不過，若球隊簽下年滿23歲，且已在任何國家承認的職業聯盟中有5年資歷的球員，其簽約金將不列入國際球員限制的計算範圍。

入札制度

入札制度（Posting System）是日本職棒球員進入美國職棒的一個制度，也是近年來引進明星球員的主要途徑之一。

入札制度的產生

入札制度的建立與日職防止球星逕行離開日本所導致的票房流失有關。1995年時，日本球員野茂英雄宣布退休並跨洋前往美國加盟洛杉磯道奇隊，日職明星球員見到前

輩也能在太平洋彼岸發光發熱，因此人心浮動、躍躍欲試。為了避免可能造成的明星球員出走潮，日本職棒聯盟緊急與美國職棒大聯盟接觸，最終催生了入札制度。

入札制度的規定

入札制度的最關鍵規定，就是限制日本職棒尚未取得自由球員資格的球員，若想要加盟大聯盟，必須透過入札制度才行。而怎樣經由入札制度取得球團同意？此制度規定，球員首先要向球團提出申請，球團若不同意則一切免談；同意情況下日職聯盟會通知美國大聯盟，然後聯盟辦公室發文各隊，由各隊在四天期間提交競標價（posting fee），此標價過程不對外公開，避免造成大市場球隊瘋狂競標的後果。

競標價

大聯盟在4天後公佈最高競標價然後通知日職原球隊，原球隊有

入札制度的規定

日職未取得自由球員資格的球員（未滿9年）

1 球員取得所屬日本球團同意

2 大聯盟球隊在4天內向原球團提交競標價（金額保密）

3 4天後由競標價高的球隊得到球員的合約協商權

4 球員與大聯盟球隊簽訂合約

5 原日本球團獲得競標金

4天時間選擇是否接受,接受後得標者有30天時間與球員進行協商,只要達成協議簽訂合約,原球隊就可獲得競標價。

以近期最有名的松坂大輔為例,紅襪在2006年季後以5111萬1111美元獲得協商權,之後簽下6年5200萬美元的合約,松坂大輔的母球隊西武則拿到5111萬1111美元(約60億日幣)的巨額競標金。

當然,如果球員達到日職規定的9年年資,取得自由球員資格就可自由前往想去的地方,不需經由入札制度。另外,符合日本職棒選秀資格的球員規定不得與大聯盟任何球隊接觸。

人物

野茂英雄:

　　原為日職近鐵隊王牌投手,有「K博士」之稱,二十世紀末期日本球員挑戰大聯盟的先鋒,以「龍捲風」式投法獲得極大成就。至2007年為止大聯盟的累計成績為123勝109敗,防禦率4.21。

松坂大輔:

　　原為日職西武隊王牌投手,被稱為「平成怪物」,2006年季後經由入札制度加入大聯盟波士頓紅襪隊。2007年大聯盟成績為15勝13敗,防禦率4.40。

CHAPTER 5 | 5 自由球員制度的出現

對球員至為重要的制度

在大聯盟制度中，自由球員（Free Agent，簡稱FA）屬於劃時代的創舉，對日後乃至於現今的所有球員來說至為重要，從此以後球員不再是資方隨意操控的籌碼，也就是說，只要球員取得自由球員資格，就可依照其自由意志加盟想去的球隊。

正因為自由球員制度是這麼的重要，因此早期的大聯盟資方根本不可能允許這種情況發生，直到20世紀70年代中期才誕生；不過遲到總比沒到好。

自由球員制度的背景

美國職棒在19世紀末創建時有所謂的保留條款（reserve clause），此條款允許球團擁有優先續約權，雖然美其名是球團供給球員工作，但其實是宣告球團擁有球員整個職業生涯的所有權利。無論是球員調度、交易都由資方單方

面操作，球員像是棋子般的任憑擺佈。

只不過當時民智未開，球員相較於一般民眾算是高薪一族，因此在觀念未開化的情況下並未引發重大的爭議。

最高法院的背書

聯邦聯盟（Federal League）在1914年成立後為了將餅作大，頻頻向大聯盟球員施以利誘，不過效果有限，導致該聯盟旗下的巴爾的摩鑽紋龜（Baltimore Terrapin）向最高法院控告大聯盟違反反托拉斯法（Antitrust Act）。1922年美國聯邦最高法院做出重大判決，強調職業棒球並未受到反托拉斯法的保護，這無疑替大聯盟強化掌握球員的生殺大權作背書。

最初的失敗

到了1969年季後，聖路易紅雀隊明星球員佛洛德（Curt Flood）

被交易到費城費城人，但他拒絕
前往因而損失了10萬美元，而與
當時球員工會主席米勒（Marvin
Miller）討論後決定控告大聯盟當
局，然而最高法院依舊引用1922年
條文否決佛洛德的要求，使得此案
由資方取得勝利。不過塞翁失馬焉
知非福，此案例最大意義在開啟球
員智識，此後球員不斷爭取權利，
視自由球員為保障利益的終極目
標，而保留條款就是球員工會的最
大死敵。

罷工事件

1973年美國職棒發生首次
球員罷工事件，大聯盟被迫出面
協商，並催生第二版的勞資集體
協議（Collective Bargaining
Agreement，CBA），即便球員工會
視為眼中釘的保留條款仍未廢除，
卻間接建立薪資仲裁制度，並從
1974年起實施。這是自由球員制度
出現前的重要曙光。

第一位自由球員出現

1974年，奧克蘭運動家投手
杭特（Catfish Hunter）勇奪美
聯賽揚獎後，但沒想到老闆芬利
（Charles Osar Finley）卻未
履行合約中激勵條款的義務，杭
特向大聯盟申訴後，仲裁官賽茲
（Peter Seitz）判決資方敗訴，
且宣布杭特取得自由球員身分，至
此史上第一位自由球員出現，杭特
隨後與洋基簽約。

保留條款廢除

1975年，梅瑟史密斯（Andy
Messersmith）與麥克諾利（Dave
McNally）再度向資方申訴，且獲
得賽茲的認同，因此兩人取得自由
球員身分，只是麥克諾利並未與其
他球隊簽約而決定退休，梅瑟史密
斯則是打到1979年。

大聯盟曾試圖反擊，不過美國
最高法院審議後支持賽茲的判決，
促使勞資進行協商而將保留條款廢

除，資方僅保有前六年的優先續約權，球員只要滿6年大聯盟年資即取得自由球員權利。事隔近百年後，球員開創了另一個新時代。

自由球員的種類

大聯盟球員要成為自由球員，首先也是最常見的，就是球員達到6年大聯盟年資，根據新版勞資協議，世界大賽結束後第2天球員不用再經過申請就可自動取得自由球員權利。

不續約自由球員

第二種情況則是所謂不續約自由球員（non－tender free agent），此發生在滿3年擁有薪資仲裁資格、但年資未滿6年的球員身上。代表球隊若在某個薪資仲裁年度不提供球員仲裁合約，該球員就成為不續約自由球員。

有名的例子有2002年前雙城球員、現效力紅襪的歐提茲（David Ortiz）；2006年前洛磯、後加盟道奇的曹錦輝（2008年加盟皇家）；2007年前小熊、後加盟教士的普萊爾（Mark Prior）；還有2009年洋基、2010年國民的王建民。

第三，球員在合約期間若被球隊無條件釋出，也可獲得自由球員身分。

自由球員的演進	
大聯盟創建	保留條款→球員只是資方的棋子，資方單方面操縱交易。
1922年	最高法院的判決→大聯盟強化了掌握球員的正當性。
1969年	球員佛洛德控告大聯盟當局→雖由資方取得勝利，不過仍開啟了球員爭取權利的意識。
1973年	首次球員罷工→間接促成薪資仲裁制度建立。
1974年	球員杭特仲裁勝訴→史上第一位自由球員出現。
1975年	保留條款廢除→資方僅保有球員前6年的優先續約權，滿6年年資球員即擁有自由球員權利。

CHAPTER 5 6 補償制度

補償選秀權

球隊在球員進入自由市場後，有時會獲得所謂的補償選秀權，這是針對原球隊在損失上個球季表現良好自由球員的一種補償制度。

舊版勞資協議針對補償選秀是採取所謂分級制度，也就是大聯盟委託知名運動統計公司Elias Sport Bureau以不外傳的統計方式為球員分級，不同級別的自由球員有不同程度的補償，而前提是原球隊得先對球員提出仲裁。

不過分級制度不能完整評量一名球員的價值，這會讓某些對球隊有貢獻、但分級排名較低甚至未排進分級的球員蒙受損失，也會讓球隊動輒獲得補償選秀的額外利多，或多或少違反了補償選秀的本意。因此最新版勞資協議取消分級制度，所有球員一體適用。

緘默期與合格報價

新制度規定原球隊得在世界大賽結束後（約為每年十月中旬後）起的五日內、也就是所謂緘默期（Quiet Period）向球員提出一紙一年保障薪資的合格報價（Qualifying Offer）合約，緘默期結束後的七天內，球員將決定是否接受原球隊的合格報價。

至於勞資協議針對合格報價的規定是當年大聯盟薪資排名前一百二十五名球員的平均薪資，以2012年為例，統計後的金額是1330餘萬美元。

球員拒絕合格報價，且在下個大聯盟業餘選秀前與新球隊簽下大聯盟合約後，原球隊就可得到補償選秀，緘默期間沒有對球員提出合格報價的球隊將無法獲得補償選秀，當然這也包括球員接受合格報價的情況。

補償選秀的內容

補償選秀部分，新球隊簽下拒絕原球隊合格報價的球員後，將喪失下個年度的首輪選秀權，不過喪失的選秀順位並非由原球隊取代，新球隊得到的選秀權將被安排在首輪與第二輪之間。

至於勞資協議中針對首輪選秀權的保護則從舊版的前十五順位減少到新版的前十順位，代表擁有首輪前十順位的球隊若簽下需要補償的自由球員時，將不會損失該順位選秀權，而是損失次高的選秀順位。

新球隊若簽下不止一位獲得補償的自由球員時，就得損失相同數量的高位選秀權，而那些獲得補償選秀的原球隊，其選秀順序從前一年度戰績勝率最低的開始選起，若原球隊有兩個或以上的補償選秀權時則可連續挑選。

補償選秀的其他限制

另外，取得自由球員資格的球員必須要在原球隊待滿至少一年，原球隊才可獲得補償選秀。

其次，如果新球隊在正常情況下與拒絕合格報價的球員所簽的合約是小聯盟合約，即便日後轉換成大聯盟合約，原球隊仍無法獲得補償選秀。

除此之外，球隊與球員也不得以任何口頭或書面方式就球隊將不提供合格報價、或球員將不接受合格報價等一事達成任何共識、協議或承諾，違反者，大聯盟官方將可能對球隊處以包括喪失選秀權等的處罰。

最後，如同以往規定，除非獲得球員書面同意，新球隊不得在下個6月16日前將緘默期之後簽下的自由球員交易出去。

補償選秀的功用

　　由上述可知，新的補償選秀制度讓球隊在提供短期且高薪的合格報價以及補償選秀上作衡量，只有在損失有一定程度成績的球員時獲得名正言順的補償，而且有可能在第二輪選秀前就一口氣補進多位年輕新秀，算是對勞資雙方之間利益較為均衡的一種自由球員流動的制度。

補償選秀的實例

　　2012年季後共有六支球隊對總共九位自由球員提供合格報價，其中洋基佔了3人，紅襪、紅雀、光芒、遊騎兵、勇士、國民各一人。

　　洋基續簽黑田博樹只剩兩個補償選秀權，紅襪續簽David Ortiz、國民續簽Adam LaRoche後已無補償選秀，如果Kyle Lohse、Michael Bourn找到新東家，首輪之後的補償選秀順序將是紅雀、光芒、遊騎兵、勇士、洋基、洋基；如果Lohse、Bourn回到原球隊，補償選秀順序將成為光芒、遊騎兵、洋基、洋基。

　　對洋基而言最理想狀況是Lohse、Bourn回到原球隊，屆時從首輪選秀到補償選秀只有六個順位但可補進三人。

CHAPTER 5 7 規則五選秀

有別於每年年中的業餘選秀、也就是規則四選秀（Rule 4 Draft），還有一個棒球迷不能不知道的選秀制度，那就是每年冬季會議會舉行的規則五選秀（Rule 5 Draft），這是讓小聯盟未獲球團青睞拔擢的球員，能有轉換跑道尋找第二春的機會。

基本定義

規則五選秀的最基本定義，也是最重要的精神，在於避免球員被球隊綁在農場系統裡而沒有出頭的機會，因此透過這個選秀讓其他球團認為有潛力、但在原球隊被擋路的球員有轉換球隊的機會。至於規則五選秀與業餘選秀的選秀過程也有所不同，分為大聯盟、3A、2A共三個層級的選秀。

簡單來說，不管被原球隊分在哪個層級的選秀球員，當被新球隊選中後，新球隊必須得將其放在球與原球隊同一層級的正式名單中。

以大聯盟為例，被選中的球員必須隔年得放進新球隊的大聯盟25人名單，以下類推。

規則五選秀的資格

規則五選秀資格的規定很簡單，主要有二個標準：

1. 球員首次簽下職業合約時的年紀為19歲（含）以上，而在第四個職業年度未被放在球團的40人名單時。
2. 球員首次簽下職業合約時的年紀為18歲（含）以下，而在第五個職業年度未被放在球團的40人名單時。

另外一個重點則是，如果球隊要避免球員可能成為規則五選秀的對象，則得在每年規定的11月20日前將之放進40人名單即可。此為新款勞資集體協議所更改的部分，與舊版相比較往後延了一年，且在2006年通過新版勞資集體協議後立即執行。

規則五選秀的規定

至於規則五選秀的順位，則以該年度的例行賽戰績最差球隊獲得首位選秀權，不分聯盟。當然，選秀當時40人名單已滿的球隊沒有資格參加選秀。

如上所述，若球員被新球隊選中後必須立即進入40人名單，且隔年要在25人名單中待一整年，這表示新球隊不得將球員下放至小聯盟；而為了防止球團鑽漏洞將其放進傷兵名單凍結，也規定球員得待在25人名單中至少90天。

讓渡與交易

經過一個大聯盟球季後該球員就恢復一般球員身分，球團隨時可做出人事異動；但若該球員前一年度未能在25人名單待滿90天（如受傷在傷兵名單），也需在下個年度補滿，否則該球隊就得將球員放到讓渡，讓其前往第三球隊或回到原球隊。

球團可將挑中的球員交易到其他球隊，此時所有責任與義務就落在新球隊身上。此後若球隊有違反規定，該球員得回到原球隊中。金額方面，經由規則五選秀挑中球員的新球隊得支付5萬美金給原球隊，新球隊若因違規使得球員回到原球隊，則新球隊只能拿回一半的2萬5000美元。

雖然新球隊需將規則五選秀的球員放進該隊25人名單，但也可將該球員放入讓渡名單，期間若有另一支球隊請求並得到該球員，則這支球隊同樣獲得保護該球員的權利義務。球員一旦通過讓渡，將回到選秀之前的原球隊，此時原球隊得歸還一半的2萬5000美元給規則五選秀挑中球員的球隊。但因為該球員通過讓渡，此時若選秀挑中該球員的球隊與該球員的原球隊達成交易，則新球隊可將此球員當作一般情況處理：留在40人名單或下放到小聯盟。

大小聯盟的差異

　　以上是大聯盟時期（Major League Phases）的情況，3A時期（AAA phase）與2A時期（AA phase）的模式也與此基準相同。不同的是，3A模式的金額是1萬2000美元，球員得在大聯盟40人名單或在3A的38人名單，違反規定拿回的金額為6000美元；2A模式則是4000美元，球員得在3A的38人名單或2A的37人名單，違反規定拿回的金額為2000美元。當然，經由3A與2A的模式選中的球員，皆可往更高層級的聯盟比賽。

小常識

規則五選秀

　　每年12月各球團的總經理們聚集起來討論聯盟事務、以及球員交易的會議。期間一項重點就是舉行規則五選秀，由於此選秀規定是表列在大聯盟官方規則（The Official Professional Baseball Rules Book）第五章，該章節名稱為（Annual Selection of Players），因此又稱為規則五選秀，與第四章業餘選秀（First Year Player Draft）的來源相同。

Ｍ Ｌ Ｂ 專 欄　　　　規則五選秀的球員能力

資質不獲肯定的規則五選秀球員

　　一般而言，列在規則五選秀的球員，通常不是原球團農場具有潛力的新秀，或者說，由於多年不被列入40人名單，表示其資質不獲肯定。因此，此時經由規則五挑選球員的球團，視該球員為來年的即戰力，常被作為內外野工具人或牛棚投手；不過如上所述，因為實力有限，很多球員最終都落得跑龍套的下場，當然也有少數漏網小魚長成大魚的情況。

規則五選秀俱樂部

　　說到小魚變大魚，前雙城投手、現加盟大都會的桑坦納（Johan Santana）相信是球迷最耳熟能詳，且也是近年來規則五選秀的超級巨星；至於前幾年大放異彩的前馬林魚二壘手、現加盟勇士隊的阿格拉（Dan Uggla）也是其中之一，另外如前洛磯外野手塔維拉斯（Willy Taveras）、皇家後援投手索里拉（Joakim Soria）、前水手先發投手巴提斯塔（Miguel Batista）也都曾成為球隊的中堅份子。白襪的波薩尼克（Scott Podsednik）甚至是2005年世界大賽冠軍功臣之一，也曾入選明星賽。

　　至於名人堂巨星、波多黎各永遠的棒球英雄克萊門特（Roberto Clemente）、聯盟年度最有價值球員波尼耶（Bobby Bonilla）與貝爾（George Bell）也是規則五選秀史上為人津津樂道的大人物，現在就看後輩們能否將規則五選秀俱樂部更加發揚光大。

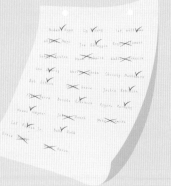

8 大聯盟球員年資

大聯盟年資（Major League Service）可說是影響球員未來無論是薪資、身分，甚至是退休金、名人堂票選的重要依據。

年資與薪資

年資到達某一程度就可進行仲裁或進入自由市場，最直接的影響就是薪資調整。只要表現不要太差、且長駐在大聯盟名單裡，薪資通常只會不斷往上攀升，而明星、先發乃至於板凳、龍套球員的差距有時動輒以百萬美元計算。

年資計算標準

一個大聯盟球季並不是一般民眾的365天，而是以例行賽球季長度作為計算基數，大聯盟的一年是162場，時間為178到183天不等。因此只要達到規定的172天即算擁有一年的年資，多出部分不計；若某一年度不到172天，可與其他不足的年度累加到補滿一個年資為止。

與年資相對應的權利

規定了球員的年資計算依據，接下來就是年資之深淺與相對應的權利。

年資未滿三年的球員：

每年季後球隊會有自動換約動作，但薪水由球隊決定，球員沒有置喙的權利。

年資滿三年的球員：

滿三年球員取得薪資仲裁資格；兩年以上未滿三年的球員，若前個球季達到至少86天年資，年資排名在前17%者，則取得Super 2的仲裁資格。此時球隊不能隨意將球員移出40人名單至小聯盟，否則球員可選擇立即成為自由球員、或季後成為自由球員。

年資滿五年的球員：

球員達到五年以上年資時，即成為所謂資深球員（Veteran Player），此時球隊若想將球員下放到小聯盟必須取得球員同意。此時球員也可選擇成為自由球

員，或拒絕但繼續留在球隊，球隊無權任意調動該球員。這就是所謂的資深球員條款（Veteran's Consent）。

年資滿六年的球員：

此時球員在球季結束後取得自由球員資格，可與任何球隊洽談合約事宜。

年資滿十年的球員：

如最後五年待在同一支球隊，擁有等同於不得交易條款的權利；並取得名人堂票選資格。

如何計算球員的年資？取捨標準為何？

1. 在大聯盟正式名單中，每天算一天年資。

2. 球員若被交易到新球隊，且三天內向新球隊報到，這段期間每天都計算在年資內。

3. 球員若被DFA時，直到確定被交易、釋出、下放到小聯盟的那一天之前，都計算為大聯盟年資。

4. 大聯盟例行賽開打當日即為大聯盟該年年資計算起始日，無論球員所屬球隊當日有沒有比賽，都算在年資之內。

5. 大聯盟球員被降到小聯盟總天數不超過20天，該球員仍擁有整年度的年資。

6. 球員被徵召入軍營時，每天都計算為年資。

7. 名列大聯盟傷兵名單（15天或60天），每待一天都計算在年資當中。

8. 被球隊放在懲戒名單（Disciplinary List），期間也列入年資。

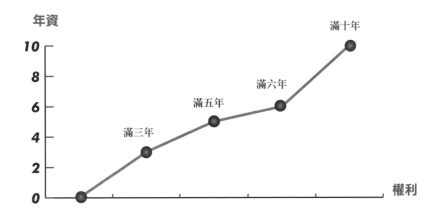

CHAPTER 5

9 薪資仲裁制度

薪資仲裁資格

　　根據大聯盟新款勞資集體協議，大聯盟球員一旦取得三年年資後，該球員就算擁有薪資仲裁資格，此後直到滿六年年資之前，球隊都會有所謂的薪資仲裁動作，不再像大聯盟前三年那樣以自動換約方式。除非球隊與球員達成涵蓋仲裁年度的複數年合約。

「Super 2」規定

　　我們可以發現薪資仲裁還有所謂的「Super 2」規定，此定義為：年資兩年以上未滿三年、前個球季達到至少86天年資，且排在相同條件下所有球員的前22%（取最接近的整數），這些球員就擁有薪資仲裁資格，也稱為「超級二年級生」。

薪資仲裁的程序

　　根據新版勞資協議規定，球隊必須在球員合約到期前決定是否與尚在控制中的球員簽約，如果尚未簽約，球員可在每年一月中旬左右（2013到2016年日期均有變動）申請薪資仲裁，三天後勞資雙方提交仲裁薪資數字。在二月初到二月下旬的薪資仲裁聽證會之前，球員與球隊均可達成任何合約協議、包括複數年合約。

薪資仲裁聽證會

　　在聽證會上，球員與球隊會在仲裁法官面前，說明支持自己提出該金額的理由。仲裁法官的評量標準計有：球員前一年成績與對球隊的貢獻度、球員生涯成績穩定度出賽時間、球員以往薪水與大聯盟薪水之比較、球員傷病史與心理狀況、球隊近年表現與觀眾人數。

　　以上諸多評量標準中，最重要的是球員前個球季成績以及對球隊的貢獻，以及與其他類似條件下的球員仲裁薪水之比較。很多情況此條件會直接影響仲裁法官的判決。

仲裁法官接著會在一或二天後於聽證會上宣佈最終判決，取捨只有球員與球隊所提的兩種價錢，決定的數字就是球員下一年的仲裁年薪，宣判出來後球員跟球隊必須遵守、不得提出異議。

減薪幅度的規定

必須一提的是，就算球員前一年度表現不佳，球隊提出的薪資也有所謂減薪幅度（Maximum Salary Reduction Rules）的限制，規定新球季的年薪至少得達到去年薪水的八成、且不能低於前年薪水的七成，除非球員贏得前一年度的仲裁且薪資漲幅超過五成。

合約協議

在仲裁法官作出最後判決前，勞資雙方仍可達成共識而將新合約協議提交上去宣布退出仲裁，仲裁法官隨即中止審理該案件，薪資仲裁隨即落幕。

新合約的仲裁

除年資未滿六年的薪資仲裁外，自由球員與球隊之間也會出現仲裁，此與正規的薪資仲裁稍有不同。通常的情況是，一個符合自由球員資格的球員合約到期後，可與原球隊以類似薪資仲裁的方式決定新合約。新款勞資集體協議規定，球隊需在12月1日前決定是否對該球員提出仲裁，球員則得在12月7日前決定是否要接受。

雙方同意時就沒問題，但如果某一方不願意會如何？根據新版勞資集體協議，以往球隊若不提出仲裁、或球員不接受，則雙方必須等到隔年的5月1日才可再續前緣。

而新版則將此規定刪除，以後無論球隊是否提出薪資仲裁、抑或是球員接受與否，都不影響雙方的合作關係。唯一保留的就是球隊提交仲裁時，球隊能否獲得補償選秀權，得根據球員季後的分級排名，這點在補償選秀權部份已有提及。

仲裁法官的評量標準（星號表評量的重要性）

★★★ 球員前一年成績與對球隊的貢獻度

★★★ 其他類似條件下的球員仲裁薪水之比較

★★ 球員生涯成績穩定度出賽時間

★★ 球員以往薪水與大聯盟薪水之比較

★ 球員傷病史與心理狀況

★ 球隊近年表現與觀眾人數

CHAPTER 5 10 球員工會

在現今世界中，勞資關係的和諧通常是維繫產業正常發展繁榮的基石，為了不被資方單方面的操控，員工工會的創立與其制衡作用相當重要。而在美國職棒大聯盟的百年歷史上，球員工會成立甚早，不過真要成為健全的組織，也是一個世紀後的事情了。

大聯盟球員工會成立背景

從十九世紀末期到二十世紀中葉，就曾先後出現過職業棒球球員協會（Brotherhood of Professional BaseBall Players，1885）、球員保護協會（Players' Protective Association，1900）、美國職業棒球球員協會（Fraternity of Professional Baseball Players of America，1912）、美國棒球互助會（American Baseball Guild，1946）等組織，雖然以上都以統合球員，藉以形成力量制衡

資方為目的，但最終都因效率不彰而夭折。

直到1953年大聯盟球員工會（Major League Baseball Players Association）成立後才逐漸改觀。

米勒時代建立工會成功基業

球員工會成立十幾年後的1966年，特別僱請馬文米勒（Marvin Miller）擔任執行長，米勒曾任職於國家勞工關係委員會（National Labor Relations Board）與美國鋼鐵聯合工會（United Steel Workers of America），是專研勞工關係的經濟學者，並具有專業的協調能力。

他上任後不久就在球員合約上獲得進展，於1968年催生出大聯盟史上首起勞資集體協議，且將大聯盟球員最低薪資從6000美元提升到10000美元。

米勒對於提高球員基本薪資功

大聯盟球員工會演進史	
1885年	職業棒球球員協會
1900年	球員保護協會
1912年	美國職業棒球球員協會
1946年	美國棒球互助會
1953年	大聯盟球員工會

費爾時代工會進入成熟期

在米勒擔任執行長的期間（1966－1982），大聯盟曾出現兩次資方封館與球員三次罷工事件，最終都順利擺脫窘境；而次任執行長費爾（Donald Fehr）也秉持米勒的志願，針對1985到1987年資方三次勾結串聯嚴重影響球員薪資的惡行，提出違反勞資集體協議的申訴，三個案例最終都判勞方獲勝，且資方共賠償近2億8000萬美元。在費爾的強勢作風下，球員工會的功能始終保持強大。

勞甚著，短短的二十年間，球員的平均薪資從1萬9000美元飆升到24萬1000美元。

另外米勒還設立球員福利基金會、專利授權等制度，更重要的是讓球員突破保留條款（reserve clause）近百年的桎梏，建立薪資仲裁與自由球員制度，使得球員工會成為全國最成功的工會組織。現今大聯盟球員之所以有如此高完善的福利，說完全歸功於米勒一點也不為過。

雖然米勒對於球員有如此大的貢獻，但他卻先後在2003年與2007年的名人堂資深委員會票選中，沒能獲得超過75%的票數，著實令人意外。

小常識

大聯盟是目前全美唯一沒有薪資上限的職業運動，美式冰球（NHL）、美國職業籃球（NBA）、美式足球（NFL）都設有不同程度的薪資上限。

MLB專欄

禁藥事件

球員工會也不是那麼完美,至少目前大聯盟禁藥事件如此嚴重,與工會一開始的態度有絕對關係。

工會起初曾對大聯盟針對球員的隨機取樣措施持反對態度,認為這位損害球員的隱私,但隨著坎塞柯(Jose Canseco)爆料、BALCO案件延燒、美國國會威脅(儘早建立禁藥措施,否則將制定法律),球員工會才軟化態度,於2005年與大聯盟官方共同制定禁藥措施。

根據現行的禁藥規定,針對大聯盟球員服用禁藥的處罰相當嚴厲,即所謂的三振條款:首次犯行者禁賽50場,二次違規禁賽100場,第三次終身禁賽。

雖然禁藥事件使得球員工會受到質疑與批評,但整體而言,不可否認的是球員工會對於球員的照顧已到了無微不至的地步,舉凡球員任何有關自身權益的案件,工會都全力參與並設法尋求最佳解決之道。因此,有如此強大的工會做後盾,球員才能在場上無憂無慮的全心表現,以最好一面呈獻給球迷。

CHAPTER 5 11 球隊擴充

目前大聯盟共有30支隊伍，美國聯盟、國家聯盟各有15隊。這些隊伍都是日漸擴充而來。但在擴編隊伍的過程中，新球隊如何取得球員卻是個麻煩的過程。

挑選與代價

1961年美聯新球季加入了華盛頓參議員隊及洛杉磯天使隊，新的球隊可以從舊球隊裡接收一些球員。其規則是每一支舊球隊在其40人名單當中挑出15位選手供新球隊選擇，而新球隊在挑走舊球隊的球員時，每一位必須付出7萬5000美元的代價給舊球團。

一年後，國聯也加入了兩隊，分別是紐約大都會隊及休士頓科特45手槍隊，兩支隊伍也從其他球隊選走了20名球員，其中16名球員付給了各7萬5000美元的代價，其他4名則是各12萬5000美元。

越來越高的費用

1969年又有四支新球隊成立（堪薩斯城皇家、西雅圖飛行員、蒙特婁博覽會、聖地牙哥教士），四支新球隊分別加入兩個聯盟，挑選球員的費用則遠高於過往，國聯規定挑選每位球員必須付給舊球隊20萬美元，而美聯則是17萬5000美元。到了1977年，美聯再增加兩隊（西雅圖水手、多倫多藍鳥）時，兩隊付出的費用並沒有增加，依然是每位球員17萬5000美元。

1993年（科羅拉多洛磯、佛羅里達馬林魚）及1998年（坦帕灣魔鬼魚、亞利桑那響尾蛇）兩次新球隊擴編，這些新球隊成立，和過去一樣可以從舊球隊取得保護名單之外的選手，但付出的球員轉隊費及權利金卻更嚇人。以馬林魚為例，當他們1993年成為國聯最新隊伍時，球團所付出的費用總合高達9千500萬美元。

新球團

新球團加入大聯盟後，不但得付出高額的金錢，別一方面由於選手來源都是「撿」別人不要的，所以相對也得付出慘痛的戰績代價。1961年後新成立的隊伍前10支球隊第一年的戰績幾乎都是墊底的，全部都輸了90場以上的比賽，其中有5隊輸了百場以上；第一年戰績最好的是洛杉磯天使隊，他們以70勝創下新球隊最好的紀錄。

1962年時新成立的大都會隊第一年的戰績是40勝120敗，勝率只有兩成五。但他們僅花了七年的時間就拿到世界大賽冠軍。不過這個紀錄很快就被打破，在花大錢買明星球員等因素之下，1993年成立的馬林魚在1997年就嚐到世界大賽冠軍的滋味，而1998年成立的響尾蛇也在2001年奪冠，這些都證明了新球隊是能在短時間內拿下世界大賽冠軍的。

MLB近代新球隊擴編及第一年戰績表					
年度	隊名	勝	敗	勝率	觀眾人數
1961	洛杉磯天使	70	91	0.435	603510
1961	華盛頓參議員 （1972年改為德州遊騎兵）	61	100	0.370	597287
1962	休士頓科特45手槍 （1965年改為休士頓太空人）	64	96	0.400	924456
1962	紐約大都會	40	120	0.250	922530
1969	堪薩斯城皇家	69	93	0.426	902414
1969	西雅圖飛行員 （1970年改為密爾瓦基釀酒人）	64	98	0.395	677944
1969	蒙特婁博覽會	52	110	0.321	1212608
1969	聖地牙哥教士	52	110	0.321	512970
1977	西雅圖水手	64	98	0.395	1338511
1977	多倫多藍鳥	54	107	0.335	1701052
1993	科羅拉多洛磯	67	95	0.414	4483350
1993	佛羅里達馬林魚	64	98	0.395	3064847
1998	坦帕灣魔鬼魚	63	99	0.389	2261158
1998	亞利桑那響尾蛇	65	97	0.401	3600412

CHAPTER 6

MLB 休閒器材

CHAPTER 6 1 球員經紀人

　　王建民的薪資仲裁，是2008年國人最關心的體育話題，在這當中從與球團談判到最後上仲裁法庭，王建民所屬的經紀公司CSMG（現已併入八方環球運動經紀公司）都扮演著重要的角色。那麼經紀人或經紀公司究竟和球員之間的關係如何，他們又能給球員什麼樣的幫助呢？

大聯盟的一份子

　　1970年球團老闆同意球員可以請代理人來協商球員的薪資合約，從此之後經紀人便成為大聯盟的「一份子」。1973年，在薪資仲裁實施前一年，卡伯斯坦（Jerry Kapstein）正式成為球員的經紀人。

　　到了1976年，自由球員的人數增加後，所謂明星級的自由球員與日俱增；也因為高價的自由球員形成了賣方市場，因此造成了無數的加薪案例及高額的獎金制度，當時光是加薪額度或紅利數目就超過1932年貝比魯斯8萬美元所得（當時的天價）的人，可說是不計其數，而1976那一年有14位明星球員成為自由球員，其中有10位的經紀權是握在里斯克（Richie Zisk）的手裡。

　　這說明短短的幾年內，球員不但會委託經紀人談合約，從中也產生一些值得球員信賴，能幫他們爭取最大利益的大經紀人，也因為有明星球員在手，里斯克那一年就賺進了70萬美金的佣金。

經紀人取得資格

　　而今天美國大聯盟眾多球星們也藉由經紀人去為他們取得更高的待遇，至於經紀人資格的取得及任用，美國各州規定有所不同。

　　有31個州採用統一的運動員經紀人法案（Uniform Athlete Agents Act，UAAA），其他州則使用自定的運動經紀人法案，但大體

上「以充當委託人和第三者簽約以獲取佣金」這一點幾乎是共同認定經紀人業務的標準。

選手打理一切，球員就更能專心在訓練及比賽上。至於被抽取佣金，那也是合理的一種結果吧！

經紀人提供的服務

不論是委託獨立的經紀人或經紀公司，除了幫球員爭取更高的待遇之外，他們也能提供諸如財務管理、市場營銷、廣告代言等業務。總而言之，有好的經紀人在背後幫

球員經紀人演進	
1970年	球員開始可請代理人商談合約
1973年	第一位球員經紀人：卡伯斯坦
1976年	擁有多個明星球員的大經紀人出現
今日	大聯盟大部分球星都藉由經紀人商談合約

MLB名經紀人與其曾代理的知名球員	
波拉斯（Scott Boras）	貝爾川（Carlos Beltran）、祖魯（J. D. Drew）、松坂大輔、拉米瑞茲（Manny Ramires）、齊托（Barry Zito）
泰倫（Arn Tellem）	吉昂比（Jason Giambi）、松井秀喜、湯瑪斯（Frank Thomas）格林伯格（Peter Greenberg）、阿布瑞尤（Bobby Abreu）、艾斯科巴（Kelvim Escobar）、賈西亞（Freddy Garcia）、雷耶斯（Jose Reyes）
奈羅（Alan Nero）	王建民、郭泓志、陳偉殷、黑田博樹、強森（Randy Johnson）、赫南德茲（Felix Hernandez）
韓德里克（Randy & Alan Hendricks）	克萊門斯（Roger Clemens）、派提特（Andy Pettitte）、史崔特（Huston Street）、史密特（Jason Schmidt）
詹斯基（Greg Genske）	邦德曼（Jeremy Bonderman）、沙巴席亞（C. C. Sabathia）、海夫納（Travis Hafner）、凱茲莫（Scott Kazmir）、威爾斯（Vernon Wells）

人物

經紀人波拉斯（Scott Boras）

波拉斯原本是1975年選秀第三輪的球員，但由於膝傷動過三次手術，使他毅然決然放棄職棒生涯，苦讀後拿下法律博士學位，並於1982年接下第一個球員經紀人約。

波拉斯與許多經紀人不同的是，他真正出身於棒球界，且所經營的SBC運動經紀公司（Scott Boras Corporation）以棒球員為主要客戶。不過二十餘年下來波拉斯給人的印象就是強勢作風、為球員爭取最大利益，也成為各球團最頭痛的人物。

這樣的形象使得波拉斯獲得正反評價，但無論如何，任何人都不能否認他是當今球員經紀人的第一把交椅。

羅德里格茲（Alex Rodriguez、A-Rod）

羅德里格茲是目前美國職棒最高薪的球員，根據2007年10年新合約內容，平均年薪高達2750萬美元，還不包括最多3000萬美元的激勵獎金，使得平均年薪突破3000萬美元。

羅德里格茲是1993年被水手挑中的選秀狀元，1994年登上大聯盟後隨即展現全能球風，1998年成為史上第三位單季40轟40盜的球員（目前共四位）；2000年季後轉隊至遊騎兵，並簽下史無前例的10年2億5200萬美元合約。

羅德里格茲在2007年8月4日，以32歲又8天的年紀成為史上最年輕達成500轟的球員。在此之前的31歲生日時，他就超越同年紀邦斯全壘打、漢克阿倫打點、韓德森（Rickey Henderson）得分、彼得羅斯（Pete Rose）安打的人，因此只要打得夠久，上述四項生涯紀錄都有可能被羅德里格茲突破。

名詞

八方環球運動經紀公司(Octagon)

八方環球運動經紀公司是埃培智集團(Interpublic Group)旗下的一個分支，主要負責運動市場行銷與音樂、娛樂等業務。2008年八方環球運動經紀公司取得CSMG大部分的股權後正式將其併購。

八方環球運動經紀公司旗下有許多不同領域的運動員，舉凡棒球、籃球、足球、美式足球、網球、賽車等無一不包，其中棒球方面有陳偉殷、王建民、郭泓志、Asdrubal Cabrera、Yovani Gallardo、Felix Hernandez、Victor Martinez等人。

CHAPTER 6
2 大聯盟轉播

報紙與電報

美國大聯盟比賽中，電台及電視台轉播有著極重要的傳播功能。在收音機出現之前，球迷都是從報紙上獲得比賽的訊息，一些重視大聯盟比賽的報紙或電報公司會一局一局的將比賽分數貼在辦公室的窗戶上。

電台、電視轉播的開始

而MLB的電台轉播開始於1921年，那年8月5日費城費城人與匹茲堡海盜隊的比賽，匹茲堡KDKA廣播電台的播報員亞林（Harold Arlin）做了棒球史上第一場的電台轉播。到了1939年8月24日，布魯克林艾比球場（Brooklyns Ebbets Field）的道奇隊比賽則是第一場有電視轉播的比賽。

電視轉播的播報員

收音機及電視出現提供給球迷的不僅是另一種資訊的來源，還代表的是不論比賽在何處舉行，都可讓所有球迷得到最快速、即時的比賽過程和結果。而很多麥克風前的播報員，雖然不是大聯盟球員，但透過媒體傳送，他們的知名度可不比那些球星差。

例如直到今天我們在看道奇隊比賽時，都還能見到史卡利（Vin Scully）的身影，他就是位極富傳奇色彩的播報員，其聲音不但成為道奇比賽轉播的同義詞，每一場道奇的比賽都可以聽到他的聲音，甚至1993年道奇訪問台灣，他也一樣沒有缺席過。除了史卡利之外，過去洋基隊的艾倫（Mel Allen）等人也都是因為電視轉播而擁有不下於名人堂球員的高知名度。

主播詞句

事實上許多美國大聯盟電視或電台主播，並非由於在螢光幕曝光而廣為人知，而是他們獨特的播報風格，甚或發明的詞句而形成風

潮，例如艾倫在早年洋基比賽時，每當洋基打者擊出全壘打時，他會高叫「going, going, gone!」這句話雖然是辛辛那堤紅人隊轉播員哈特曼（Harry Hartman）在1929年所創，但艾倫以他特有的南方口音高喊時，卻更引領風潮，甚至成為目前台灣、日本有些棒球主播爭相模仿的獨特用詞。

但有些人不喜歡老套，所以自創一格，當全壘打出現時，有人說：「拜拜，寶貝！」有人叫：「忘了他吧！」有人形容：「這個球被打到市中心去了！」海盜隊的轉播員羅斯威爾（Rosey Rowswell）則更妙，他說：「米尼伯母，快把窗戶打開，球要飛進來了！」

轉播權利金

主播受歡迎或許已成為大聯盟歷史的一部份，但其背後可是龐大的製作團隊，還有嚇死人的權利金所堆積出來。權利金也因此成為現今美國大聯盟各球隊能持續經營的重要經費來源。

30年代開始的轉播金其實只佔了球隊收入的7%，但到了1950年時就很快地增加到了10.5%。到了70年代中，則已高達30%以上。1990年大聯盟和CBS電視簽下一紙4年10億美元合約，代表之後4年內，每一支球隊都可以實拿1000萬美元。

所增加的還不只這些，有線電視的加入，讓各球隊能夠獲得的轉播權利金也額外多了一大筆，例如洋基的老闆史丁貝納（George Steinbrenner）和麥迪遜電視網（Madison Square Garden Network）在1989年就簽下一筆高達12年5億美元的合約。而其他球隊也因有線電視的興起，每一年除了無線電視網外，還能因有線電視而各多分200萬美金的費用。

而在2006年，大聯盟再將轉播權利金擴展到另一境界，與Fox、

TBS、ESPN等轉播單位簽定7年合約，預估總價值達30億美元。這還不包括國外如台灣、日本、歐洲等國家的轉播權利金，顯示大聯盟將棒球擴展到全世界的願景，伴隨著巨大的收益入袋，也更有能力支付龐大的球員薪資支出。

小常識

台灣的大聯盟轉播

根據2012年的資料，福斯、時代華納、ESPN等三大轉播單位與大聯盟簽訂新的2014年到2021年轉播合約，其中福斯40億美元，時代華納28億，ESPN則是56億，合計高達112億美元，平均每年超過15億美元，此比現行合約的價錢多出1倍。

 M L B 專 欄

歷史的一部份

播報員能獨創用詞而受到歡迎之外，他們的聲音也常成為美國大聯盟歷史的一部份。

當貝比魯斯單季60支全壘打紀錄在1961年10月1日被打破時，當時洋基球場的轉播員利路托（Phil Rizzuto）是這麼說的：「現在輪到馬里斯上場，大家都站了起來，等著看馬里斯可不可以打出第61支全壘打，投手做好準備動作，球投出……外角球，球數一壞球。球迷開始發出噓聲，偏低，兩壞球沒有好球。投手準備好要投出下一個球了，是個快速球，打向深遠的右外野，可能飛出去了！球飛出去了！太棒了，他辦到了！61支全壘打！！觀眾在那裡爭那顆球。太棒了！隊友在那等著歡迎馬里斯。」

如臨現場的轉播

貝比魯斯另一項紀錄：生涯714支全壘打，在1974年4月8日被漢克阿倫打破，當時勇士隊播報員漢米爾頓（Milo Hamilton）的轉播每次聽到都有如讓我們重臨現場：「現在漢克阿倫走上了打擊區，全場觀眾都站了起來。球向阿倫投了過來……球在本壘板前就落地了，一壞球（全場噓聲大作）。阿倫在第二局時被保送上壘，並回來得到一分。他目前的紀錄是714支。這個球再投……揮棒，是一個直飛左外野的強勁飛球，這個球非常的結實有力、出去了，飛出去了！第715號！新的全壘打王產生了，他就是漢克阿倫！這時球場點燃煙火。阿倫繞過了三壘，他的隊友都在本壘歡迎他，聽群眾們歡呼的聲音。」

3 球場播報員

傳奇播報員薛伯德

如果你到大聯盟去看比賽，現場播報人員絕對是你不能忽略的，他們不是簡單地將比賽雙方球員名字唸出來而已，而是經由他們聲音的傳送，就能成為球賽甚至球隊的一部份。少了他們，就好像比賽不存在一樣。

例如當我們看王建民比賽時，經由電視的傳送，我們也聽到的洋基所屬YES電視網片頭聲音，其實就是由洋基球場的傳奇播報員薛伯德（Bob Sheppard）所唸出的，因為他的聲音就代表了洋基。

薛伯德從1949年就服務於洋基球場，由於洋基隊戰績傲人，他也播報了比別人更多的世界大賽，另外洋基也誕生過許許多多偉大的球星，這些在棒球史上留名的球員與他們所留下的棒球紀錄，也都是由薛伯德口中所唸出。

小熊隊的匹伯

另一位知名的球場播報員是小熊隊的匹伯（Pat Pieper），由於早年球場播報員的待遇不高，一場僅有5美元，因此白天匹伯除了在小熊隊的瑞格利球場（Wrigley Field）當播報員之外，晚上還在餐廳兼差當待者。匹伯最著稱的是，在每一場比賽報完雙方的攻守名單之後，會拉長他的聲調高喊：「開始比賽（Play Ball）！」

匹伯從1915年開始播報後，就始終堅持這個工作到他於1974年過世為止；匹伯的接班者卡瑞（Harry Caray）也是如此。他們這些球場播報員幾乎有個共同的特色，即是數十年的堅守崗位（卡瑞播到1997年，而在1998年二月過世），播報時又極具個人魅力，所以不論是何者、是哪一個球場，這些球場播報員早已成為球隊傳統的一部份。

M L B 專 欄

薛伯德的詩

　　1961年馬里斯（Roger Maris）打出破紀錄的六十一支全壘打時，薛伯德就用他的聲音見證了這一切。

　　不僅聲音迷人，薛伯德還被封為「洋基的桂冠詩人」，在馬里斯破紀錄之後，薛伯德寫下這首詩：

They've been pitching me low and wide and tight	他們用忽遠忽近的低球吊我
I've been tense and nervous, drawn and pallid	我變得緊張、僵硬又蒼白
But my prayers are full of joy tonight	但是今晚我的禱告充滿喜樂
Thank you, God, for Tracy Stallard.	感謝您，天父，賜給我崔西・史塔拉 （被擊出全壘打的紅襪投手）

4 大聯盟裁判

進入大聯盟的夢想

每個打棒球小孩的夢想都是能進入大聯盟，但這條路卻很漫長，因為進入職棒後絕大多數還是得從最低階開始努力起，然後一路往上爬，但也不保證最後能抵達終點。

有一種職棒工作也是和所有球員一樣，他們想在美國大聯盟立足，佔有一席之地，經歷的過程有時並不比職棒選手輕鬆，他們就是場上執法的裁判。

裁判養成計畫

每一年國家聯盟、美國聯盟有裁判養成計畫（Umpire Development Program）所共同組成的裁判養成委員會，會在開會及討論中挑選25到40名左右的候選人，成為具有下一季小聯盟執法資格的準職棒裁判。

專業訓練

這些能有機會在職棒執法的候選人，絕大多數是從佛羅里達黛特納海灘（Daytona Beach）的艾爾山莫斯（Al Somers）或比爾金納門（Bill Kinnamon）等裁判學校畢業。

在他們被挑選成為準職棒裁判之前，可得經過一番長期的考驗不可，首先他們必須自費參加五週以上的專業訓練，而每一期裁判學校的學員差不多有三百名左右，也就是你必須培養各種裁判技能，通過職棒裁判的初級測試之外，還得從數百名的「同學」中脫穎而出，其比例不到百分之十五，競爭激烈程度和職棒選手相比不遑多讓。

從小聯盟開始

有幸被裁判養成委員會挑中的新裁判必須從新人聯盟（Rookie）或1A聯盟開始裁判生涯。而不幸被刷下來的，雖然沒有機會進入職棒，但有些人仍會執著於這份工作，而到社區高中或俱樂部球隊比

賽執法，因為他們曾受過專業的訓練，所以也普受歡迎。

　　至於那些雀屏中選的裁判，則和所有小聯盟選手一樣，因為他們和大聯盟裁判相比，不論是福利、待遇各方面都有天壤之別，所以就有人以漢堡和牛排來形容大小聯盟裁判的差別，就因為有這樣的差異，這些小聯盟的裁判在其執法過程中莫不戰戰兢兢，認真的面對他的工作，目的就是希望有朝一日能到最終的夢想「大聯盟」去擔任判官的工作。

ＭＬＢ 專欄

球場上不討好的工作

　　站上大聯盟是每一個進入裁判學校的人的夢想，但即使最終到了大聯盟，和各種棒球比賽一樣，裁判仍不免受到球員冷嘲熱諷及球迷的叫罵，這些簡直就是裁判工作的一部分，有時甚至是更嚴重的挑釁，像1981年釀酒人和洋基一場季後賽，就曾發生激動的球迷在第七局跳進場內，一把抱住裁判萊里（Mike Reilly）的攻擊事件，而當天現場在洋基球場共有超過五萬名觀眾目睹了此一攻擊事件。

名人堂裁判

　　百年的美國大聯盟歷史當中也不乏因其裁判公正而受到人們敬重，甚至最後還能進入名人堂的，包括國家聯盟裁判克倫（Bill Klem）、孔仁（Jocko Conlan）及美國聯盟的赫伯德（Cal Hubbard）、伊凡斯（Billy Evans）和孔納利（Tommy Connolly）等。

解 M L B

CHAPTER 6

5 餵球投手

有一種人，在大聯盟球隊當中很重要，會出現在球場內，但卻從未列在正式比賽名單中，他們就是打擊餵球投手。

培養打者的打擊球感

在正式比賽中，打者所面對的投手，他們唯一想的就是想盡辦法要讓你出局，但球隊賽前的餵球投手正好相反，要想辦法讓你把球很紮實地打出去，所以他們要有很準確的控球力，要將球投到打者能擊中的位置，好讓每一位準備上場的選手，能夠在比賽前培養出最好的打擊球感。

第一個專任打擊餵球投手

史上第一支使用專任打擊餵球投手的是1945年的洋基隊，他們任用在1922年到23年曾為布魯克林羅賓隊一員的賴伯（Paul Schreiber），請他在比賽前投球給洋基隊的打者擊球，而當時賴伯

已經四十二歲了。

雖然年齡高於其他球員，但賴伯擁有餵球投手最重要的能力，那就是控球，他總能精準地將球投到打者能揮擊的位置。所以賴伯不但成為史上第一位專任的餵球投手，也為往後所有退役球員及教練開啟了另一扇在球場上就業的窗口，也是球隊最重要的「無形戰力」。

小常識

賴伯（Paul Schreiber）

賴伯1945年時曾以洋基球員身分上場兩場，投4又3分之1局，共失了2分，賴伯也是當年大聯盟年紀最大的球員。

CHAPTER 6

6 風琴師 (organists)

美國大聯盟比賽和其他國家職棒最大的不同在於,多數大聯盟比賽現場都有獨特的風琴演奏。

早期年代

在沒有電子大螢幕的年代,風琴師的演奏是帶動球迷氣氛的最佳工具。1942年起幫布魯克林道奇隊擔任風琴師演奏工作的古汀(Gladys Goodding),就曾在一場比賽中,當該場比賽的裁判進入球場時,他竟奏起了「三隻瞎老鼠」,而引起全場球迷哄堂大笑,更妙的是,其中一位裁判還是他的好友呢!

大型計分板

時至今日,大型計分板成為每座棒球場的必備設備,甚至早在1977年亞特蘭大富頓郡球場(Fulton County Stadium)就啟用了必須三人操作,價值高達150萬美元的計分板。這些大型計分板不但輕按按鍵,即時的紀錄就能顯示在球迷面前,並且經由它們十分活潑,各種生動的畫面傳送,能引導球迷做鼓掌,加油等動作,將全場氣氛帶到最高點。

雖然拜科技之賜,電子看板成為新一代美國大聯盟的重要硬體設備,但說到傳統,能到現場領略獨一無二的美國大聯盟棒球風的,恐怕非風琴演奏莫屬了。

CHAPTER 6 / 7 大聯盟球僮

還記得2002年世界大賽第5戰第7局，衝回本壘得分的舊金山巨人隊跑者J. T. Snow瞬間一把抱起總教練貝克擔任球僮的三歲兒子（為了撿球棒而來到本壘附近），那個驚險畫面嗎？

球僮的夢想

那個畫面讓所有人驚覺，原來球僮並不是只有撿撿球棒那麼簡單，還得隨時注意場上的動靜，否則一不小心反而會成了妨礙比賽的罪人。

其實他們到大聯盟當球僮，不只是想賺一點外快或接近球星而已，很多球僮都夢想著成為像自己服務的對象——大聯盟選手。

有些人的夢想最終真的實現了，例如藍鳥隊的利區（Jesse Litsch）小時候就在魔鬼魚隊擔任球僮，最終如願站上大聯盟投手丘，有趣的是2007年利區還曾對上他的「老東家」，結果那場比賽他拿下勝投，賽後魔鬼魚隊的總教練梅登（Joe Maddon）開玩笑地說：「我等下會把所有球僮集合起來測他們的球速！」

球僮的工作內容

球僮的工作看起來很簡單，主要就是撿球棒而已。他們通常在休息室將球棒架分類，然後依棒次或球衣背號，幫打出球的球員撿回球棒。除了棒子以外，他們還要補充松脂膠，讓打者在揮棒時能把球棒握得更緊。除此之外，有些球僮還做些額外的雜事，例如擦鞋、跑腿、幫肚子餓的選手拿食物等。

球僮球衣背號

球僮和選手一樣，他們穿著的球衣也有背號，不過多數是以當年年度數字為號碼，例如2008年就有很多球僮的背號是08，也有少數球僮是選手或教練的親屬，會選擇和他們相同的號碼。

球僮出身的管理人

　　球僮除了夢想有天也能登上大聯盟之外，也有不少大聯盟的管理階層是球僮出身，例如克里夫蘭印地安人隊前總裁保羅（Gabe Paul）、大都會前總經理麥當勞（Joe McDonald）都曾當過一陣子的球僮。

球僮的工作：撿球棒、將球棒架分類、補充松脂膠、擦鞋、跑腿、幫選手拿食物等。

CHAPTER 6

8 棒球與美國總統

　　美國大聯盟的傳統之一，恐怕就是身為一國之尊的美國總統，也常會在開幕戰時前往球場開球。

林肯的趣事

　　關於棒球和美國總統最有趣的一件事，莫過於林肯了。1860年的某天，一位信差帶著一封重要文件求見林肯，但當時林肯正在打一場比分很接近的棒球賽，於是要求信差不要打擾他，一直到比賽結束，林肯打開這封急件，才從文件中得知他已被正式任命為美國總統。

歷任總統開球

　　到目前為此有超過40個以上球季的開幕戰是由美國總統來開球的。第一位現任美國總統到比賽現場觀戰的是哈里森（Benjamin Harrison），他於1892年6月6日到華盛頓球場觀看華盛頓參議員隊與辛辛那提紅人隊的比賽。

　　而第一位主持開球的則是1910

年4月14日的塔夫脫，他本身不但是華盛頓參議員隊的忠實球迷，還曾是耶魯大學的傑出投手。

　　而胡佛（Herbert Hoover）則曾是史丹佛大學棒球隊教練。杜魯門（Harry Truman）因地域的關係而成為聖路易棕人隊的球迷，不過他最令人津津樂道的，是他在開幕戰擔任開球貴賓時，曾以左右手各投過一顆球。甘迺迪總統在他短短的三年任內則是每一年都到球場開球。

　　直到今天，我們在收看勇士隊轉播時，常會在觀眾席上看到的前總統卡特（Jimmy Carter），早在任參議員時就常到勇士隊開球。當然不要忘了曾擁有遊騎兵隊，以一千五百萬美元賣出他的持股而大賺一筆的前總統小布希（George Walker Bush）。

　　這些都展現了美國總統和這個號稱是國家運動的球類之間的緊密關係。

CHAPTER 7

MLB 特錄

CHAPTER 7 1 MLB特殊紀錄

投手
出賽場次最多
單季：106場─馬歇爾（Mike Marshall），1974年
生涯：1252場─歐洛斯科（Jesse Orosco）
局數最多
單季：680局─懷特（Will White），1879年
生涯：7356局─賽揚
勝場最多
單季：59勝─瑞德本（Charley Radbourn），1884年
生涯：511勝─賽揚
敗場最多
單季：48敗─柯爾曼（John Coleman），1883年
生涯：316敗─賽揚
完投最多
單季：75場─懷特、1879年
生涯：749場─賽揚
完封最多
單季：16場─亞歷山德（Grover Alexander），1916年；布雷德利（George Bradley），1876年
生涯：110場─W.強生
1安打比賽最多
單季：4場─亞歷山德（Grover Alexander），1915年
生涯：12場─萊恩、費勒（Bob Feller）
無安打比賽最多
單季：2場─雷諾斯（Allie Reynolds），1951年；萊恩，1973年；特拉克（Virgil Trucks），1952年；范德梅爾（Johnny Vander Meer），1938年
生涯：7場─萊恩
完全比賽
共23場、最近一次為*赫南德茲（Felix Hernandez），2012年8月15日
救援成功最多
單季：62場─羅德里格茲(Francisco Rodriguez)，2008年
生涯：608場─*李維拉（Mariano Rivera），2012年止（延續中）
三振最多
單季：513次─基爾羅伊（Matt Kilroy）、1886年
生涯：5714次─萊恩

註：*為現役球員

打者

安打最多

單季：262支─*鈴木一朗、2004年

生涯：4256支─羅斯

連續安打場次：56場─狄馬喬、1941年

打點最多

單季：191分─H.威爾森（Hack Wilson）、1930年

生涯：2297分─阿倫

得分最多

單季：192分─漢米爾頓（Billy Hamilton）、1894年

生涯：2295分─韓德森（Rickey Henderson）

二壘打最多

單季：67支─韋伯（Earl Webb）、1931年

生涯：792支─史匹克（Tris Speaker）

三壘打最多

單季：36支─C.威爾森（Chief Wilson）、1912年

生涯：309支─克勞佛（Sam Crawford）

全壘打最多

單季：73支─邦斯、2001年

生涯：762支─邦斯

連續場次：8場─馬丁利（Don Mattingly）、1987年；小葛瑞菲(Ken Griffey Jr.)、1993年

場內全壘打（單季）：12支─克勞佛（Sam Crawford）、1901年

場內全壘打（生涯）：55支─伯基特（Jesse Burkett）

滿貫全壘打最多

單季：6支─*哈夫納（Travis Hafner）、2006年；馬丁利、1987年

生涯：23支─蓋瑞格；*羅德里格茲(Alex Rodriguez)

保送最多

單季：232次─邦斯、2004年

生涯：2558次─邦斯

打擊率最高

單季：4成40─達菲（Hugh Duffy）、1894年

生涯：3成66─柯布

註：*為現役球員

打者
上壘率最高
單季：6成09─邦斯、2004年
生涯：4成81─威廉斯（Ted Williams）
長打率最高
單季：8成63─邦斯、2001年
生涯：6成90─魯斯
完全打擊最多
單季：2次─赫曼（Babe Herman）、1931年
生涯：3次─穆塞爾（Bob Meusel）
觸身球最多
單季：51次─詹寧斯（Hughie Jennings）、1896年
生涯：287次─詹寧斯
再見打點最多
單季：24分─赫南德茲（Keith Hernandez）、1985年
生涯：129分─赫南德茲

註：*為現役球員

CHAPTER 7

2 MLB詞彙介紹

打擊相關	
PA	打席
TPA	總打席數
PIT	總消耗球數
P/PA	每打席消耗球數
AB	打數
G	出賽場次
SO	三振
BB	保送
IBB	故意保送
HBP	觸身球
H	安打
2B	二壘打
3B	三壘打
HR	全壘打
RBI	打點
R	得分
GIDP	雙殺打
SB	盜壘
CS	盜壘失敗
FB	飛球（不計全壘打）
LOB	殘壘
SF	犧牲飛球

打擊相關	
SH	犧牲觸擊
TB	壘打數（安打+二壘打+三壘打×2+全壘打×3）
XBH	長打安打數（二壘打+三壘打+全壘打）
Avg	打擊率（安打／打數）
OBP	上壘率（安打+保送+觸身球）除以（打數+保送+觸身球+犧牲飛球）
Slg	長打率（壘打數／打數）
OPS	整體攻擊指數（上壘率+長打率）
SecA	第二打擊率（獨立於打擊率外檢視打者獲得額外上壘能力的指標（壘打數-安打+保送+盜壘-盜壘刺）／打數）
BB/K	保送三振比
G/F	滾地球／飛球比
IsoP	純長打率（長打率減打擊率）
GB	滾地球
FB	飛球
G／F	滾飛比

投手相關	
GP	投球場數
GS	先發場數
IP	投球局數
#P/IP	每局投球局數
#P/GS	每次先發投球數
Avg	被打擊率
BB	保送
BB/9	每9局保送數
CG	完投
H	被安打
ShO	完封
QS	優質先發
R	失分
ER	自責分
W	勝投
L	敗投
Bk	投手犯規
SV	救援成功
Dec	勝敗資格（須符合先發基本局數）
ERA	自責分率（自責分×9／投球局數）
G/F	滾地球／飛球比
GF	投手結束比賽數
QS	優質先發

投手相關	
WHIP	（安打+四壞）／投球局數（除失誤外平均每局讓打者上壘數）
Hld	中繼（符合救援機會下，至少造成1人出局且下場時對手未追平或領先）
IR	後援投手上場時的壘上跑者
IS	後援投手上場時壘上跑者得分數
K/9	每9局三振數
Pit	投球數
Rel	後援投手救援、救援失敗、中繼資格
RS	球隊得分支援（投手平均9局投球時球隊得分數）
ShO	完封
SvOp	救援機會—只賦予最後一任之救援投手（1.上場時球隊領先3分或以內，且投完至少1局。2.上場時追平分上壘或進入打擊區或在準備區。3.在領先情況下投滿3局且未被追平）
WPct	勝率
WP	暴投
BISv	救援失敗（定義為擁有救援機會情況下）

防守相關	
TC	守備機會
PO	刺殺
A	助殺
E	失誤
FPct	守備率（刺殺+助殺）／（刺殺+助殺+失誤）
CERA	捕手自責分率（某捕手蹲捕時的投手自責分率）
CS	盜壘阻殺
CS%	盜壘阻殺率
DP	雙殺守備
Inn	局數
PB	捕逸
PCS	投手阻殺數（投手策動而阻殺跑者的數量）
POA	牽制數
RF	Range Factor每9局製造出局數〔（刺殺+助殺）／9局）〕
ZR	Zone Rating防守範圍指數（守備員在統計公司劃定的範圍內所能處理到的來球比例）

3 MLB相關網站推薦

大聯盟官網

http://mlb.mlb.com/index.jsp

　　美國職棒大聯盟的正式官方網站，裡面有30支球團與球員的相關消息、季後獎項特輯，當然還包括現在最流行的夢幻棒球（Fantasy Baseball），提供完整的球員訊息。

棒球資訊網

http://www.baseball－reference.com/

　　不提供大聯盟報導訊息，以數據為主的優質網站，除球員的生涯成績，還有各個棒球統計的單季、生涯、歷史演變的成績數據，近年還增加歷史球賽的詳細過程。不可錯過的網站。

棒球名人堂官網

http://web.baseballhalloffame.org/

　　名人堂是棒球界最高殿堂、也是所有棒球人畢生夢想之地。這個網站提供所有有關名人堂成員以及名人堂館內的資訊。

棒球美國

http://www.baseballamerica.com/today/

　　小聯盟球員資訊最詳盡的網站，有專欄作家針對30支球團農場系統的介紹，並提供年度小聯盟球員獎項、各球團頂級新秀排名、全小聯盟新秀排名的資訊。網站中有不少部分是需要登錄付費的。

小聯盟官網

http://web.minorleaguebaseball.com/index.jsp

　　對比於大聯盟官網，小聯盟官網性質與大聯盟官網性質相同，提供各球團各層級農場球員與比賽的資訊。

棒球球員查詢網

http://www.thebaseballcube.com/

這個網站著重於大小聯盟球員的生涯成績以及歷年的選秀結果，完成度相當高；球員頁面也有簡單的選秀順位與簽約球隊的訊息。

大聯盟歷史賽事查詢網

http://www.retrosheet.org/

文字訊息部分較少，最重要的是提供大聯盟歷史上所有年度各球隊的比賽細節，且仍在陸續增加年代久遠的資料。想要得知歷史名將、特定球隊的比賽內容，來此準沒錯。

球員合約網站

http://mlbcontracts.blogspot.com/

主要功能是提供大聯盟球員合約，可了解球員的合約細節。另外，大聯盟重要日程、球員異動規則、自由球員、仲裁球員名單的提供也解答不少棒球迷的疑慮。

球員工會官網

http://mlb.mlb.com/pa/index.jsp

大聯盟球員工會官方網站，一般球員消息不在話下，還提供工會的各項工作、活動。想了解球員工會怎麼運作，可來這裡逛逛。

每日棒球新聞媒體總覽

http://www.prosportsdaily.com/mlb/mlb.html

全美30支球隊所屬城市的媒體總覽，藉由不同媒體的報導得以平衡球員與球隊的消息。

夢幻棒球網站

http://www.rotoworld.com/content/Home_MLB.aspx

提供最快的球員消息，以及定期的各類型球員排名、農場新秀介紹。對於追求即時性的夢幻棒球玩家而言是個不錯的網站。

球場網站

http://www.ballparks.com/、http://www.baseballparks.com/

　　提供所有大聯盟球團球場的分類專門化網站，來這裡可得知球場的相關歷史資訊，並且提供未來新球場的消息。

棒球年鑑

http://www.baseball－almanac.com/

　　大聯盟認可的有關棒球歷史紀錄的網站，無論是球場、球員、球隊、規則，甚至場外的特殊訊息均有提供。

棒球圖書館

http://www.baseballlibrary.com/homepage/

　　與棒球年鑑雖都屬於著重歷史資料的網站，但最大的不同在裡面著重於文字的訊息，也就是歷史事件的文字報導，想涉足美國棒球歷史得來這裡參拜。

棒球指南

http://www.baseballprospectus.com/

　　值得注意的是大多資訊需要購買。裡面針對各種棒球議題、球員、數據作進階的深度評論，是進階者愛去的網站。

棒球時代

http://www.hardballtimes.com/

　　與棒球指南相類似，提供更深更廣的棒球議題消息，當然，其中也包含夢幻棒球的相關訊息。

台灣旅美球員網

http://www.taiwaneseballplayers.com/

　　囊括所有台灣旅美球員的網站，可得知球員所屬球隊的層級與隸屬於哪個球團，其中球員成績資料採取與大小聯盟官網連結的方式。

MEMO

MEMO

MEMO

國家圖書館出版品預行編目資料

圖解MLB／曾文誠、曹玉焜著.
──三版.──臺中市　：好讀, 2019.03
面：　公分，──（一本就懂；01）

ISBN 978-986-178-484-7（平裝）

1.職業棒球

528.955　　　　　　　　108002193

好讀出版

一本就懂 01

填寫線上讀者回函
獲得更多好讀資訊

圖解MLB【2019年開季新版】

作　　者／曾文誠、曹玉焜
總 編 輯／鄧茵茵
文字編輯／莊銘桓
內頁設計／鄭年亨
插畫作者／鄭年亨
行銷企劃／劉恩綺
發 行 所／好讀出版有限公司
台中市407西屯區工業30路1號
台中市407西屯區大有街13號（編輯部）
TEL:04-23157795 FAX:04-23144188　http://howdo.morningstar.com.tw
（如對本書編輯或內容有意見，請來電或上網告訴我們）
法律顧問　陳思成律師

總經銷／知己圖書股份有限公司
106台北市大安區辛亥路一段30號9樓
TEL：02-23672044　　23672047 FAX：02-23635741
407台中市西屯區工業30路1號1樓
TEL：04-23595819 FAX：04-23595493
E-mail：service@morningstar.com.tw
網路書店 http://www.morningstar.com.tw
讀者專線：04-23595819 # 230
郵政劃撥　：15060393（知己圖書股份有限公司）
印刷／上好印刷股份有限公司

三版／2019年3月15日
定價：250元
如有破損或裝訂錯誤，請寄回知己圖書更換